KB262326

탈식민주의의 얼굴들

파농 · 사이드 · 바바 · 스피박

•

김지현 · 박효엽 · 이상환 · 홍인식

인문교양총서 017

탈식민주의의 얼굴들

파농·사이드·바바·스피박

김지현·박효엽·이상환·홍인식 지음

역락

우리가 최초로 시작해야 하는 것은, 세계 지도에는 신성불가침이라는 형태로, 또는 교조적으로 나른 것으로부터 성스럽게 구별된 어떤 공간도, 본질도, 특권도 존재하지 않는다 점을 인정하는 것이다.
— 에드워드 사이드, 『문화와 제국주의』

1.

장면 하나. 베트남 여성 ㄱ씨는 결혼 후 6개월간 네 차례에 걸쳐 남편에게 구타를 당했다. 처음에는 단순히 한국어를 제대로 못해 남편을 답답하게 했다는 것이 그 이유였다. 폭행 후 남편은 ㄱ씨를 밖으로 데리고 나가서 길에 혼자 버려두었다. 말도 통하지 않는 낯선 곳에 어둠 속에서 두려움에 떨던 ㄱ씨는 주위를 지나던 한국인들의 도움을 받아 남편에게 인도되었다. 남편이 다시 ㄱ씨를 집으로 데려갔지만 폭력은 계속되었다. 결국 ㄱ씨는 집에 손님이 온 틈을 타서 도망쳐 경찰에 도움을 요청했다.

장면 둘. 네팔 남성 ㄴ씨는 2004년 초 한국에 들어왔다. 네팔의 반정부 투쟁과 경제 불안이 그를 외국으로 떠밀어냈다.

생계를 유지하기 위해서는 외국에 나가야 했다. 네팔에서는 돈벌이가 불가능했다. 처음에는 대구 성서공단의 냄비·프라이팬 제조공장에서 체류기간 내내 3년을 일했다. 손에 쥔 돈은 기대보다 많았지만, 고향으로 돌아가기엔 다소 부족했다. 결국 불법체류자의 길로 들어섰다. 하지만 불법체류자라는 것을 안 업주는 턱없이 낮은 임금을 지불하거나 심지어 임금을 체불하기 시작했다. 설상가상으로 공장에서 일하다가 허리와 손을 다쳐 병원에서 장기 입원 중이다. 그는 지금 오로지 건강하게나마 고향 네팔로 돌아가는 게 꿈이다.

우리는 결혼이주자나 이주노동자를 주위에서 쉽게 찾아볼 수 있다. 굳이 후미진 공장지역 주위를 뒤지거나 한적한 농촌마을에 들르지 않더라도 TV를 보거나 신문을 들춰보기만 하면 된다. 그런데 그들은 왜 한국어를 모른다는 이유로 구타당해야 하거나 외국인 노동자라는 이유로 턱없이 낮은 임금을 받아야 하는가? 단순히 출신 국가가 달라서? 아니면 피부색이 달라서? 그것도 아니라면 그들이 즐겨 먹는 음식이 달라서인가? 하지만 그 어떤 이유로도 구타나 저임금과 같은 억압과 차별은 정당화되지 않는다. 왜냐하면 피부색이나 국적에 앞서 그들도 마땅히 평등하게 존중받아야 하는 인간이기 때문이다.

2.

두 가지 다른 풍경. 첫 번째 풍경은 신발이다. 기능성이 뛰어난 예쁜 운동화를 신고 있는 한 젊은이가 뽐내듯이 거리를 걷고 있다. 그의 발걸음은 경쾌하다 못해 미끄러지듯 나아간다. 이런 운동화들은 젊은이들이 즐겨 찾는 신발이다. 두 번째 풍경은 한미자유무역협정(FTA)이다. 2011년 말 18대 국회가 한미FTA 비준안을 날치기 통과시키자 수많은 시민들이 원천무효라고 주장하면서 대규모 촛불시위를 벌였다. 시민들은 왜 우리의 경제 영토를 확장시켜줄 것이라고 하는 한미FTA를 그토록 반대하는 걸까?

먼저 첫 번째 풍경부터 살펴보자. 젊은이들이 즐겨 신는 운동화가 제3세계 노동자들의 노동력 착취를 통해서 생산되었다는 것을 젊은이들은 알고 있을까? 하지만 정작 생산 노동자들은 그들의 생산품을 살 수 없다. 자신들이 만들었음에도 그들에게는 그저 그림의 떡일 뿐이다. 그들이 받는 임금은 겨우 월 45달러 정도이다. 이마저도 제때 지불하지 않는 경우도 있다. 우리가 나이키 운동화를 즐겨 찾으면 찾을수록 그들의 임금 착취는 더욱 가중된다. 어쩌면 우리는 그들의 노동력을 착취하는 데 공모하고 있을지 모른다. 다음으로 두 번째 풍경을 살펴보자. 한미FTA는 진짜 우리의 새로운 경제 동력이 될 수 있을까? 역으로 우리나라가 미국의 새로운 경제 식민지가 되는 것은 아닐까? 한미FTA가 결과적으로 한국을 신자유주의적 세계질서 속에 깊숙이 편입시키는 것이라면, 그것은 신식민주의의 새로운 버전이 될 수도 있을 것이다. 이제 신식민주의의 새로운 얼굴을 똑똑히 기억해야 할 시대가 도래하고 있는지 모른다.

3.

우선 탈식민주의(post-colonialism)라는 용어부터 정리해야 할 것 같다. 탈식민주의는 제2차 세계대전 이후 1970년대 초 유럽제국의 식민지에서 벗어난 신생 독립국가들의 처지를 설명하기 위한 이론이자 정치용어이다. 그런데 1989년 『제국의 되받아쓰기(The Empire Writes Back)』가 출판된 이후 유럽 제국주의에 영향을 받은 모든 문화를 설명하기 위해 사용되었다. 하지만 탈식민주의를 좀 더 엄격히 정의하고자 할 때, 식민주의를 어디까지 볼 것인가, 즉 제국주의의 직접적인 지배 시기만을 지칭하는 것인지, 아니면 식민지 해방 이후까지 포함할 것인지 하는 문제는 아직도 의견이 분분하다. 또한 post가 식민지 이후(after)의 의미로 해석되어야 하는지, 아니면 식민지에서 벗어난다(beyond)의 의미로 해석되어야 하는지 하는 문제도 의견이 분분하다. 탈식민주의를 어떻게 이해하느냐에 따라 그 단어가 지칭하는 담론의 정체성과 역할이 달라질 수 있기 때문이다. 전자로 해석할 경우, 단순히 시대구분의 의미가 강하지만, 후자로 해석할 경우 식민주의를 청산하고 극복한다는 의미가 강하게 배어나오기 때문이다.

제2차 세계대전이 종식되자 서구 식민 지배를 받았던 아시아와 아프리카는 서구 열강으로부터 독립을 쟁취하면서 과거 식민 통치로부터 정치적으로는 독립했지만 경제적으로는 여전히 식민 본국의 통제와 간섭을 받고 있었다. 무엇보다도 식민주의의 영향력이 견고하고 끈질기게 남아있는 부분은 의식의 영역이라고 할 수 있겠다. 식민주의가 정치·제도적 차원에서는 거의 대부분 청산되었지만, 의식의 영역에 끼친 식민주의는 여전히 잔존하고 있기 때문이다. 따라서 탈식민주의는 제3세계의 경제적 의존성을 극복하고 우리의 식민주의적 무의식을 규명함으로써 이로부터 벗어나기(de-colconizing)를 목표로 한다.

4.

이 책은 머리말을 제외하면 총 4부분으로 구성되어 있다. 첫 번째 부분에서는 흑인 정신분석학자 프란츠 파농, 두 번째 부분에서는 팔레스타인 출신의 에드워드 사이드, 세 번째 부분에서는 인도 출신의 호미 바바, 마지막 부분에서는 역시 인도 출신의 가야트리 스피박을 소개하고 있다. 이들은 모두 탈식민주의의 주도적 이론가들이다. 탈식민주의 분석가 로버트 영에 의하면, 에드워드 사이드, 호미 바바, 가야트리 스피박을 탈식민주의의 삼총사라고 부를 정도로 이들은 이 분야에서는 독보적인 존재라고 한다. 탈식민주의 시대 한 번쯤 만났으면 하는 지성인들이 아닐까.

우리 저자들은 오래 전부터 '탈식민주의 연구 모임'을 갖고 같이 공부를 해왔다. 이 책에 등장하는 이론가인 파농, 사이드, 바바, 스피박 등의 책들을 읽고 밑줄도 긋고 토론도 했다. 이 모든 과정들이 이 책을 구상하고 집필하는 데 큰 도움이 되었다. 아마도 이런 연구 모임이 없었으면 이 책을 집필하는 데까지는 나아가지 못했을 것이다.

이 책에 대해서 한 가지 더 언급할 것이 있다. 이 책은 대학생이나 일반 시민들을 대상으로 집필되었다. 인문학 이론이나 이론가에 대해 좀 더 쉽고 친근하게 접근할 수 있도록 의도된 것이다. 물론 문체도 일상어투로 작성되었고 구성방식도 대화 방식을 채택했다. 아마도 플라톤의 대화편을 연상할지도 모르겠다. 아무쪼록 독자들이 가벼운 마음으로 책장을 넘길 수 있으면 저자들의 바람은 성공적이리라.

차례

탈식민주의에 대한 아주 짧은 이야기

두 개의 방이 있다고 상상해보자. 각 방에는 서로 다른 집단의 사람들이 각각 모임을 갖고 있다. 그런데 누군가 갑자기 두 개의 방 중 하나의 방에 들어가야 하는 상황이다. 처음 무작정 방문을 열었을 때 과연 그는 어떤 반응을 보일까? 두 개의 방 중 한 방으로 들어가자 매우 익숙해서 전혀 어색하지 않다고 느끼는 상황. 이런 상황에서는 그는 그들과 같은 부류라고 느끼기 때문에 굳이 자기 자신이 누군지 새삼 생각할 필요가 없을 것이다. 다른 방으로 들어가자 그곳에서는 왠지 낯설고 어색할 뿐더러 냉담한 거부감을 느끼는 상황. 이런 상황에서는 그는 자기 자신이 그들과는 다르다고 느끼기 때문에 자기 혼자만 특이하다고 생각할 것이다. 바로 이 순간, 그렇게 생각하는 사람은 아마도 처음에는 자기가 몸담고 있는 사회 내의 주류와는 다른 사람들이 진정으로 누군지 발견하게

되고, 나중에는 한국 바깥의 비한국인들, 나아가 서구 바깥의
비서구인들이 누구인지 발견하게 된다. 그것은 소수자 출신이
라는 것, 항상 주변인으로서 살아가야 하는 것, 그리고 정상
인으로서 결코 자격을 갖추지 못한 사람, 곧 발언할 수 있는
권한조차 인정받지 못한 사람이 된다는 것을 의미한다.

● 주류집단은 소수자를 동화시키려 하지만 동화되지 않는 소수자는 배제한다.

이것은 개인에 대해서도 물론이거니와 집단에 대해서도 사
실이다. 당신은 당신 자신이 속한 집단이나 단체가 어쨌든 항
상 우리 사회의 주류집단에서 밀려나 있다고 지금 느끼고 있
는가? 당신은 '우리'라는 낱말을 말하는 순간 그 '우리'가 당
신 자신이 아니라 다른 누구였다고 느낀 적은 없는가? 약간

문자를 섞어서 말한다면, 당신은 항상 당신이 말하는 문장의 주어인가? 당신은 말할 때마다 당신 자신의 말을 어떤 의미에서 언제나 다른 사람이 대신 말하고 있다고 느낀 적은 없는가? 다시 말해서, 당신이 다른 사람의 말을 들을 때, 항상 오로지 그들이 말하는 연설의 청중일 뿐이라고 느끼지는 않는가? 당신은 그런 말하기가 당신에게 사물이 어떻게 보이는지, 당신이 어디 출신인지 연상하도록 한다는 사실을 결코 생각해보지 못했는가? 당신은 다른 사람들의 세계, 곧 다른 사람들을 위해 존재하는 세계에 살고 있다고 느낀 적이 한 번도 없는가?

우리는 누군가 이미 만들어 놓은 세계의 들러리일 뿐이며, 나아가 그들이 필요로 하는 것을 제공하기 위한 소모품에 지나지 않는다고 느낀 적이 있는가? 그렇다고 한다면 우리는 이런 물음에 어떻게 답변해야 하는가? 이것은 탈식민주의가 답변하고자 하는 첫 번째 질문이다. 1980년대 초반부터, 제3세계에서 진행되고 있던 식민주의 이후의 삶을 불안하게 바라보던 탈식민주의자들은 서구인과 비서구인의 관계에 의문을 제기하고, 비서구 세계를 이해하는 지배적 방식, 즉 기존 프레임 자체를 변경하려고 시도했다. 그것은 무엇을 의미하는가? 그것은 지배적인 세계 이해 방식을 전복하는 것을 의미한다. 그것은 당신이 서울이나 대구, 뉴욕이나 베를린에서와는 달리, 콜카타(*인도 동부 도시)나 베닌시티(*나이지리아 남부 도시)에

살 때는 사물이 어떻게 달리 보이는지 경험하고 그 이유를 이해하면서 사진의 또 다른 장면으로 시선을 옮기는 것을 의미한다. 그것은, 서구인들이 비서구 세계를 바라볼 때 그들이 보는 것이 거기에 진짜로 존재하는 것의 진짜 존재이거나 서구 바깥에 사는 사람들이 실제로 그들 스스로를 느끼고 지각하는 방식의 실상이라기보다는 종종 그들 자신과 그들이 가지고 있는 것을 잘못 비춘 거울이미지라는 것을 깨닫는 것을 의미한다. 만약 당신이 당신 자신을 서구인과 동일시하지 않는 사람이라면 또는 당신이 서구 세계에 살고 있음에도 어쨌든 완전히 서구인은 아니라고 생각하거나, 어떤 문화권의 일부이지만 그 문화의 지배적인 목소리에 의해 배제된, 그래서 내부에 있지만 외부자인 그런 사람이라면, 탈식민주의는 당신에게 사물을 다르게 보는 방식을 제공한다. 최종적인 관심은 아니지만 당신의 최우선적인 관심사인 언어와 정치를 다르게 이해하는 방식을 제공할 것이다.

탈식민주의는 지상의 모든 사람들이 피부색이나 국적은 달라도 동등한 물질적·문화적 복지를 누려야 할 권리를 요구한다. 그렇지만 현실은 오늘날의 세계가 불평등의 세계라는 것을 보여주며, 훨씬 광범한 차별이 서구 사람들과 비서구 사람들 사이에 실시간으로 자행되고 있음을 보여준다. 서구 세계와 비서구 세계 간의 이러한 차별과 격차는 19세기에 이르러 유럽 열강들이 팽창함에 따라 더욱 견고하게 고착화되었

● 영국인의 가마꾼 노릇을 하는 아프리카인들. 백인 이주민은 단지 원주민이라는 이유로 그들을 노예로 다루었다.

다. 그 결과 지구 영토의 9할 가량이 유럽 열강이나 유럽에 영향을 받은 열강(미국이나 일본)에 의해 지배를 받게 되었다. 식민지 통치와 제국의 지배는 점차 피식민지 주민들을 무지하고 열등한 존재로 간주하고 그들을 어린애나 여성적인 것으로 그려왔던 문화인류학에 의해 정당화되었다. 하지만 서구 세계가 침입하기 전에는 그들은 수천 년 동안 그들 나름의 가치와 규범에 따라 완전히 잘살아왔다. 그럼에도 문화인류학에 따르면, 그들은 자신의 일을 스스로 해결할 수 없기 때문에 그들 자신의 최선의 관심사, 곧 발전을 위해서는 마치 부모의 보살핌이 필요한 것처럼 서구의 통치가 필요하다는 것이다. 그런 문화인류학 이론들의 기초는 인종 개념이었다. 간단히 표현하면, 서구-비서구의 관계는 백인 대 비백인이라는 인종적 관점에서 고려되었다. 백인 문화는 합법적 통치, 정당한 법률, 합리적인 과학, 선진적인 경제, 고상한 예술 등의 관념들, 한 마디로 말해 문명을·위한 기초로 간주되었으며, 그리고 지금도 여전히 그렇다.

식민지 통치기간 동안 내내 피식민자들은 적극적이든 소극적이든 다양한 저항 형식을 통해 서구의 지배에 강력히 투쟁했다. 하지만 그런 저항이 일관된 정치운동으로 발전한 것은 겨우 19세기 말에 이르러서였다. 지구 대다수 사람들에게는 20세기 전반기는 그런 저항운동과 밀접하게 관련되어 있으며, 엄청난 인명을 희생하고 어마어마한 자원을 쏟아 붓고서야 식민 통치를 전복하고 최후의 승리를 이룩할 수 있었다. 피식민자들, 특히 아시아, 아프리카, 라틴아메리카 주민들은 식민지를 통치한 유럽 제국의 정치인들과 관료들뿐 아니라 그들 세계에 무단으로 정착한 식민주의자들, 나아가 유럽 제국 자체에 대항해 해방운동을 줄기차게 전개했다.

마침내 유럽 제국으로부터 국가 주권이 회복했을 때, 제3세계의 각 국가는 의존적인 식민 상태로부터 자율적인 탈식민 상태로 이행했다. 바로 해방이고 독립이었다. 하지만 대부분 이것은 단지 하나의 불행을 다른 불행으로 대체하는 작은 계기였을 뿐이다. 직접 통치에서 간접 통치로의 비교적 사소한 이행이었고, 식민 통치와 지배로부터 독립된 것이라기보다는 독립되어가고 있는 상태로의 전환을 표현하는 것이었다. 탈식민화 이후에도 불구하고 세계 열강들이 20세기를 지나는 동안 실질적으로 전혀 변하지 않았다는 것은 주목할 만하다. 그들은 여전히 매우 교묘하고 교활하게 경제적 수탈과 착취를 멈추지 않았던 것이다. 식민지 시대와 마찬가지로 (탈)제국들은 대부분 이전에 식민지로 통치한 적이 있는 나라들을 계속해서 지배하고 있었던 것이다. 하지만 쿠바, 이란, 이라크, 알제리의 경우처럼, 식민지 시대에 주인으로 군림했던 제국에 저항할 용기가 있는 나라들은 온갖 위험을 무릅쓰고서라도 끈질기게 저항했다. 쿠바의 카스트로, 이라크의 후세인, 이란의 혁명정권 등은 식민 제국으로부터 해방되었음에도 불구하고 여전히 경제적으로 의존해 있는 상황을 타개하려고 시도했으나, 그 대가로 이들 나라들은 지금도 서구의 군사 개입으로 고통을 겪고 있다.

 그렇지만 이 이야기가 완전히 부정적인 것만은 아니다. 식민 통치로부터 정치적 독립을 쟁취한 것은 실로 놀라운 성과이다. 그리고 비록 그 힘이 아직은 부족하다 하더라도, 힘들은 서서히 균형을 맞추어가고 있고, 머지않은 미래에 그렇게 되어야 할 것이다. 식민지 이후의 과정에서 우선적으로 고려되어야 할 것은, 서구 각국이 이렇게 공식 제국으로부터 비공식 제국으로 전환됨에 따라 본국에서 필요한 노동력을 이민을 통해 추가적으로 확보하고자 했다는 점이다. 대규모 이민의 결과, 적어도 민족의 관점에서 서구와 비서구를 명료하게 구별하는 것은 더 이상 가능하지 않을 정도이다. 이것은 미국 대통령으로 아프리카계 미국인이 되었다거나 영국이 아시아계 무슬림을 수상으로 선출했다는 것을 말하는 것이 아니다. 권력은 이제 교묘하게 그리고 은밀하게 통제된다. 당신은 예전에는 유럽이나 미국에서 갈색이나 검은색 피부를 가진 최고 권력의 얼굴을 상상이나 했겠는가? 이제 그 얼굴들은 때로는 세계 강대국의 일상 정치가 보도되는 신문의 일면을 장식한다. 문화는 완전히 변모하고 있다. 백인 프로테스탄트계 미국인은 히스패닉화되고 있다. 흑인 미국인과 히스패닉계 미국인은 할렘과 같은 집단거주지를 넘어서서 생생하게 살아 숨쉬는 미국문화의 역동적인 원동력이 되고 있다. 1970년대 후반 뉴욕 할렘가에 거주하는 흑인이나 히스패닉계 청소년들에 의해 형성된 힙합은 미국 대중문화의 전반에 걸쳐 새로운 흐름이 되고 있다. 오늘날 쿠바 문화는 활기찬 손(son)과 살사(salsa) 음악으로 열정을 불어넣고 흥분을 불러일으키면서 수많은 유럽 젊은이들을 압도한다. 더욱 일반적으로 말하면, 견고하기만 했던 서구 문화의 지배는 좀 더 관대한 문화적 존중 체계와 차이에 대한 관용의 요구에 따라 비서구 문화에 녹아들거나 혼종화 되어 왔다. 물론 식민지 시대에서는 대체로 서구인과 비서구인을 구별 짓는 근거는 비서구 문화를 지배하느냐 또는 서구 문화의 지배에 종속되어 있느냐에 달려 있었다.

지금 당장 중요한 것은 무엇보다도 아시아, 아프리카, 라틴아메리카와 같은 비서구 국가들이 주로 유럽과 북아메리카 국가에 정치적으로도 종속되어 있으며 경제적으로도 불평등한 관계에 있다는 사실이다. 탈식민주의는 그런 종속과 불평등에 맞서 싸우는 실천적인 정치와 철학을 명명하며, 그래서 과거의 반식민주의 투쟁을 새로운 형식으로 해석하고 지속하는 것이다. 탈식민주의는 아시아인, 아프리카인, 라틴아메리카인 들이 자원과 물질적 복지에 접근할 수 있는 권리를 주장할 뿐 아니라 또한 그들 문화의 고유한 역동적 힘을 옹호하는 것이다. 물론 그들 문화도 이제는 역으로 서구 사회 속에 깊숙이 침투해서 오히려 서구 사회를 변화시키고 있다.

우선 무엇보다도, 탈식민주의 철학은 사물을 인식하는 지배적인 서구적 방식에 맞서 서구의 인식틀을 비틀고 해체할 수 있는 인식론을 정교하게 고안하는 것이다. 이것은 단순히 말해서 정치와 실천으로서 페미니즘과 유사한 것이다. 그래서 탈식민주의 철학은 페미니즘으로부터 많은 자원을 빌려올 수 있다. 페미니즘은 탈식민주의와 비교할 만한 공통점을 갖는 기획에 착수해왔다. 이를테면, 한때 당신이 읽은 책, 당신이 들은 연설, 당신이 본 영화 중에서 한 구절, 또는 한 장면을 떠올려 보자. 이 중에서 어떤 것은 항상 남성의 관점에서 말해지거나 표현된 적이 있었을 것이다. 여성은 또한 언제나 거기에 함께 있었지만 여성은 단순히 대상이었지 결코 주체가 되지 못했다. 당신이 읽은 책이나 당신이 본 영화에서 여성은 항상 주시되고 관찰되기만 하는 수동적 대상이었지 결코 주시하거나 관찰하는 능동적 눈은 아니었다. 수 세기 동안 여성은 남성보다 지적이지 못하며 동등하게 교육받을 만한 수준을 갖추지 못했다고 생각되었다. 여성들에게는 정치적인 면에서나 제도적인 면에서 선거권조차 허용되지 않았다. 똑같은 이유로, 여성들이 내놓은 지식이나 문장은 무엇이든 중요치 않거나 하찮은 것이며, 잡담 수준으로 간주했다. 달리 말하면, 그런 지식은 단지 민간요법에서 시술하는 전통적 관행과 같은 그런 미신이나 주술에 지나지 않다고 폄하함으로써 과학에 의해 불신되었다. 이러한 모든 태도는 여성이 남성에 의해 지배·착취·학대되는 거대 체계의 일부였다. 18세기 말에는 다소 은유적으로, 19세기 들어서는 좀 더 노골적으로 페미니스트들은 이러한 상황에 맞서 싸우기 시작했다. 그들이 그런 상황에 맞서 대항하면 할수록 이러한 태도는 문화계는 물론이거니와, 사회관계, 정치, 법률, 의술, 예술, 과학으로 확장되는 것은 명약관화한 사실이었다.

페미니즘 이론은 양성 간의 사회적 평등 투쟁을 통해서, 그리고 여성에 대한 억압을 이론적으로 분석함으로써 젠더의 정치를 수행해 왔다. 그러나 초기에는 남성과 여성의 차이에 기반하기보다는 '모든 인간은 평등하다'라는 보편성에 입각한 평등이 그 정치적 목표가 되었다. 그래서 페미니즘은 보편적 평등 개념에 호소해서 여성 평등권에 대한 이론적 근거를 확립하는 것이 주요 과제였다. 페미니즘은 먼저 시몬느 드 보부아르를 위시하여 다양한 이론적·정치적 문제들을 제기해 왔으며 보부아르 후예들은 1980년대를 기점으로 평등에서 '차이'를 강조하는 쪽으로 옮아가고 있다. 그러는 사이에 페미니즘 이론은 남성중심적인 보편주의 담론처럼 단일한 양식으로 전개되어 온 것이 아니라 위기와 균열을 통해 다양한 목소리를 내며 발전해 왔다. 또한 페미니즘은 마르크스주의나 정신분석학의 경우처럼 한 사람의 이론가로부터 영향을 받은 단일 사상체계가 아니다. 그것은 서로 다른 상황에서 서로 다른 입장에 있는 여성들이 발전시킨 공동 연구였다. 즉, 페미니즘의 기획은 가정폭력으로부터 제도와 법률에 이르기까지 그리고 언어로부터 과학에 이르기까지 불의의 현상이 나타나는 전 영역에 맞추어졌다. 페미니스트들은 또한 여성 자신들 내부의 관계도 평등하지 않을 뿐더러 어떤 측면에서는 여성과 남성 사이에 존재하는 동일한 종류의 위계질서를 되풀이할 수 있다는 사실과 맞서 투쟁해왔다. 그렇지만 동시에, 페미니즘은 다양한 삶의 길을 걷는 여성들이 공동 목적, 즉 여성의 해방과 권리 강화, 자기 자신의 삶에 영향을 미치는 사안을 스스로 결정할 수 있는 권리, 법률·교육·의료·직업에 대해 동등하게 접근할 수 있는 기회균등권을 성취하고자 했던 집단 운동이었다. 그런 제도 자체를 변화시키려는 과정에서 그들은 더 이상 보편주의 전략을 펼치는 남성의 관심과 관점만을 표현하려고 하지 않았다.

페미니즘과 마찬가지로, '탈식민주의'는 비서구권 제3세계에서 관성적으로 추구하고 있는 욕구를 반성적으로 검토할 뿐 아니라, 또한 서구에서 제시한 보편적 지식의 관점을 개념적으로 다시 설정하는 것을 의미한다. 기존의 욕구와 지식을 재검토함으로써 탈식민주의는 인간의 공적 삶을 편성하고 규제하는 정치 관행을 전복하는 데 관심을 갖는다. 따라서 탈식민주의는 세계 각지에 거주하는 대부분의 사람들이 착취와 빈곤의 조건에서도 매일매일 자신들의 생계를 꾸려나가게 되는 그러한 조건을 개선하는 일과 도덕적으로 연결되어 있다. 하지만 탈식민주의의 이론적 작업은 부분적으로 모호한 언어로 되어 있고 일상인들이 이해할 수 없는 복잡한 개념을 사용한다는 평판을 받았다. 학자들이 만들어낸 이론의 권위를 대면했을 때, 일반 사람들은 이론을 이해하기 어렵다고 토로하는데, 종종 그것을 그들 자신의 이해력 부족에서 찾곤 했다. 이것은 모두가 불행한 일이다. 하지만 이러한 수많은 관념들과 언어들을 처음부터 학자들이 일부러 어렵게 만들어낸 것이 결코 아니었다. 탈식민주의가 어렵다고 생각하게 된 것은 오늘날 우리가 직면한 탈식민적 상황이라는 현실 자체가 너무나 다면적이고 복잡하기에, 탈식민주의의 관념들과 언어들이 그려내는 현실 상황이 이해된다면 비교적 쉽게 이해될 수 있을 것이다. 이런 이유 때문에, 이 책은 이전에 시도하지 않은 방식으로 탈식민주의를 소개하려고 한다. 탈식민주의 이론을 개념적으로 분석하고 상의하달식으로 설명하기보다는, 말하자면 우선 추상적 용어를 동원하여 구구절절 설명하면서 몇 가지 예시를 제시하기보다는, 오히려 대중적이고 일상적인 사람들이 생활 현장에서 부딪치고 있는 문제를 적극 고려하여 거기서 그들 자신의 문화적 가치를 긍정할 수 있는 탈식민주의의 철학을 추구하고자 한다. 탈식민주의는 여기서 하향식 관점이 아니라 상향식 관점에서 설명될 것이다. 한편 형식적 측면에서는, 이 책에서는 부분적으로 소크라테스식 대화법 모델을 적극 수용할 것이다. 대화 형식을 통해서 우리는 좀 더 쉽고 친근하게 탈식민주의의 핵심에 들어갈 수 있을 것이기 때문이다. 내용적 측면에서는, 먼저 하나의 상황을 제시하면서 시작할 것이며, 다음으로 다소 논쟁적이지만 폭넓게 적용되고 있는 중요한 개념을 설명할 것이다. 그러므로 이 책에서 전개되는 탈식민주의는 대체로 모호하고 공허한 이론은 등장하지 않고 구체적 아래로부터의 탈식민주의가 될 것이다. 아래로부터의 탈식민주의는 예를 들어 탈식민주의가 '서발턴' (subaltern), 즉 종속된 계급과 민족의 정치를 정교화하는 것이라면 그것이 정확히 무엇이며 어디에 있어야 하는지 말해준다.

이른바 탈식민주의 철학은 사실 엄밀한 의미에서 과학이론은 아니다. 즉 일단의 현상에 따라 발생하는 결과를 예측할 수 있는 논리 정연하게 고안된 원리가 아니다. 대신 그것은 서로 병렬되고 중첩되어 있으며, 때때로 모순적이기까지 한 상호 연관된 관점들을 포함한다. 그것은 다른 분야와 활동, 특히 넓은 의미에서 여성학, 경제학, 생태학, 정의론, 비판이론의 입장과 관계하는 활동들이 큰 관심을 갖는 문제들을 포함한다. 무엇보다도, 탈식민주의는 비서구는 물론, 서구의 권력구조에 개입해서 새로운 인식을 추구하고 대안적 전망을 제시하고자 한다. 그것은 사람들이 생각하고 행동하는 방식을 바꾸어서, 서로 다른 사람들이 불가피하게 함께 살아갈 수밖에 없는 공동체에서 그들 간의 더욱 정의롭고 평등한 관계를 만들어내고자 한다.

이런 이유 때문에, 일반적으로 탈식민주의를 이해하고 있는 것처럼 이 책에서는 탈식민주의를 단일한 사상이나 단일한 실천으로 만들려고 하지는 않을 것이다. 어떤 의미에서는 '탈식민주의'라고 불리는 단 하나의 실재도 없다. 하나의 용어로서 탈식민주의는 페미니즘이나 사회주의 내의 실천들과 개념들만큼 다양한 실천과 개념을 기술하고 있다. 그러므로 이 책의 글쓰기는 학술적 저술의 표준모델처럼 포괄적 주제나 논증을 전개하는 일련의 장들로 구성되어 있지는 않다. 그

대신 이 책은 관점들 또는 시대들 간의 창조적 관계를 만들어 내고자 대표적인 탈식민주의자들, 이를테면 프란츠 파농(Franz Fanon), 에드워드 사이드(Edward W. Said), 호미 바바(Homi Bhabha), 가야트리 스피박(Gayatri Spivak) 등을 서로서로 병치하는 몽타주 기법을 사용한다. 왜냐하면 대부분의 탈식민주의는 정적인 개념이나 실천이라기보다는 오히려 개념과 실천 간의 역동적 관계, 즉 다양한 제3세계 사람들과 그들 문화 간에 빚어지는 갈등과 생산의 관계, 그리고 탈식민주의자들 내에서 맺고 있는 경쟁과 지지의 관계에 관한 이론이기 때문이다. 탈식민주의는 변화하는 세계, 곧 갈등과 투쟁으로 변화를 겪는, 그래서 실천가들이 더욱 더 개선해 나가려고 하는 세계에 관한 실천이론이다.

많은 사람들은 '탈식민'이라는 용어를 의혹의 눈초리로 흘겨본다. 이제 우리는 그것이 왜 그런지 그 이유를 이해하기 시작하게 될 것이다. 탈식민주의는 기존의 세계 질서를 교란하며, 특권과 권력을 위협한다. 그것은 서구 문화의 우월성을 부인한다. 탈식민주의의 근본적 의제는 지상의 모든 인간들의 실질적으로 평등한 대우와 복지를 요구한다.

우리는 이제 그런 탈식민적 지구로 이주할 것이다. 바로 여기에서 우리는 탈식민적 지구 여행의 중요한 길잡이들, 이를테면 파농, 사이드, 바바, 스피박를 만나게 될 것이다. 우리는 그들과 더불어 탈식민지 장면들을 목격하게 될 것이다. 우리는 화려한 네온사인으로 빛나지만 조금만 더 들어가면 미로 같은 후미진 골목들이 끝없이 이어진 도시의 어두운 밤거리를 하릴없이 배회하기도 하고, 다국적 기업에서 죽어라 일해도 겨우 돈 몇 푼밖에 쥐지 못하는 나이 어린 여성노동자들의 한숨이 배어 있는 도시 변두리를 어슬렁거리기도 하며, 제 땅에서 쫓겨난 가난에 찌든 농부들의 거친 손등을 느낄 수 있는 삭막한 농촌풍경을 둘러보게 될 것이다. 이러한 장면들이 실제로 우리가 목격하는 것들이라는 것을 인정한다고 하더라도 진정으로 중요한 장면은 보이지 않으며, 더구나 주민들의 손때가 묻어나는 구체적인 일상의 경험도 보이지 않기는 마찬가지다. 이 책의 장들은 상이한 '장면들'로 이루어져 있으며, 세계 각지의 다양한 장소에서 찍은, 서로 나란히 놓여 있는 스냅사진들을 담고 있다. 그러므로 이 책은 일종의 사진 앨범이 될 것이지만, 그렇다고 해서 요란하지만 소음이 제거된 채 정적이 흐르는 비현실적인 이미지로 느껴지고, 그래서 현실의 목소리와는 동떨어져서 낡은 이미지로 전락한 그런 앨범은 아니다. 현실의 목소리는 사진의 다른 여러 장면들에서 길어 올린 이야기들이다. 그것은 지금 우리가 읽고 있듯이 우리를 바라보고 있는 사람들의 생생한 증언들이다. 몽타주는 서로 어긋나고 조각난 요소들을 의도적으로 나란히 겹쳐놓은, 아직 편집하지 않는 필름으로 되어 있다. 그것은 이미지들을 재빨리 정지화면으로 잡아둠으로써 현재의 역사의 모순들을 상연

하는 일련의 단편영화이다. 이러한 단편적 계기들은 또한 식
민주의 '이후'의 사건으로부터 그것으로부터 '벗어나려는' 탈
식민주의로 떠나는 더 큰 여행이 될 것이다.

나, 유색인으로서 바라는 것은 이것 하나뿐이다.
도구가 인간을 소유할 수 없다는 것. 한 인종에 의
한 다른 인종의 노예화는 반드시 중단되어야한다는
것. 인간, 그가 어디에 있든지 간에 내가 그를 찾아
내고 사랑할 수 있어야 한다는 것. 이것뿐이다. 자아
를 재포착하려는 시도를 통해서만, 그리고 그 자아
를 음미하려는 시도를 통해서만 또한 자유의 지속적
인 긴장을 통해서만 인간은 인간 세계를 위한 이상
적인 존재 조건을 창출해낼 수가 있다. 나는 마지막
으로 기도한다. "오 나의 육체여, 나로 하여 항상 물
음을 던지는 인간이 되게 하소서."

프란츠 파농Frantz Fanon
『검은 피부 하얀 가면』 부분

프란츠 파농과 존재의 탈식민화

탈식민주의 최전선

나는 이탈식 교수의 <탈식민주의> 과목을 수강하고 있는 학생이다. 우리는 그를 '탈 선생'이라는 별명으로 부르곤 하는데, 그도 그럴 것이 그가 크게 웃을 때는 유독 얼굴과 목 사이에 있는 주름 때문에 탈을 쓴 것처럼 이상하게 보이기 때문이다. 하지만 그를 '탈 선생'이라고 부르는 진짜 이유는 늘 탈식민주의가 어쩌고저쩌고 하면서 '탈'을 입에 달고 다니기 때문이다. 나는 앞으로 이탈식 교수를 친근하게 '탈 선생'이라고 부를 것이다. 그럼 내 이름은? 그냥 민주라고 하자. 내 이름이 뭐가 중요하겠니? 민주이든 영주이든 말이야. 나는 단순히 탈식민주의에 대한 호기심으로 수강신청을 했지만 수업이 진행되면서 묘한 매력을 느꼈다. 그래서 평소의 성격대로, 이건 내 장점이긴 하지만, 수업 내용을 꼼꼼하게 기록하기 시작했다. 내가 필요하다고 생각하는 한, 나는 거의 수업의 모든 것을 옮겨놓을 것이다.

나는 누구인가

강의실에는 이미 학생들이 모두 자리를 차지하고 있었다. 오늘은 <탈식민주의>의 두 번째 주 수업이다. 탈 선생은 강의실을 쓰윽 훑어보고 나서 몇몇 학생들과 일일이 인사를 나눈 다음, 오늘 수업 계획을 이야기했다. 그의 목소리는 비온 뒤의 먼지처럼 낮게 가라앉았지만 다소 경직된 것처럼 보였다.

"오늘 수업은 탈식민주의의 선구자 프란츠 파농을 소개할 것입니다. 프란츠 파농은 프랑스 식민지인 중남미 서인도 제도에 있는 조그마한 섬 마르티니크에서 태어났습니다. 그것도 흑인으로 말이죠. 그래서 그런지 그는 이중적인 차별을 받을 수밖에 없었습니다. 먼저 그는 프랑스 본국으로부터 식민지 원주민이라는 낙인이 찍혔죠. 다음으로, 백인으로부터 흑인이라는 이유로 온갖 모욕을 받으면서 살아야했죠. 하지만 이러한 차별을 파농은 도저히 받아들일 수 없었습니다. 왜냐하면 사는 곳이 다르고 피부색이 달라도 그는 여전히 인간이라고 생각했기 때문입니다. 인간성을 말살하는 서구인들, 특히 프랑스 백인들의 태도에 그는 분노하지 않을 수 없었죠. 그는 그 분노

의 에너지를 '존재의 탈식민화'라는 개념으로 구체화시켰
습니다."

탈 선생은 잠시 강의를 멈추고 한 학생을 뚫어져라 바라본
다. 그는 파키스탄에서 어렵사리 유학 온 여학생 알리야 아심
이다. 그는 그녀를 잠시 물끄러미 내려다보더니 칠판에 '나는
누구인가?'라고 적었다. 그러고는 뭔가 입밖으로 말을 꺼내는
가 싶더니, 잠시후 다시 강의를 진행했다.

"'나는 누구일까?'라고 한번쯤 생각해본 사람 있나요?
아마 대부분의 학생들은 그냥 지나쳤겠죠. 딱히 그런 질
문을 던질 일이 없었기 때문이죠. 내가 중학교 때 국어
선생님으로부터 들은 이야기 한 대목 해볼까요? 외눈박
이 마을에 두 눈을 가진 사람의 이야기죠. 옛날 옛적에
외눈박이들이 사는 마을이 있었어요. 그런데 그 마을에
양눈을 가진 한 아이가 태어나게 되었답니다. 편리상 그
를 '양눈이'라고 해두죠. 그 마을에는 난리 아닌 난리가
났죠. 그들에게 외눈박이는 너무나 자연스러운 현상이니
까요. 문제는 여기서 끝나지 않았다는 데 있었죠. 외눈이
들은 양눈이를 위로하기는커녕 놀리기도 하고 심지어 따
돌리기도 했죠. 하지만 양눈이는 아주 어렸을 때는 자신
이 남들과 다르다는 사실을 전혀 알지 못했죠. 그런데 세
상 물정을 알만한 나이가 들었을 때 그는 그들의 조롱을

견딜 수 없었답니다. 하지만 안으로 안으로만 삼켜야 했답니다. '왜 부모님은 날 이렇게 낳았을까?'라고 원망도 해보았답니다. 또 '왜 나는 다른 사람들과 이리 다를까?'라고 한탄도 해보았답니다. 청소년기를 지나자 양눈이는 마침내 어떤 결심을 하게 됩니다. 마을을 떠나기로 했던 거죠. 세상사에 대한 견딜 수 없는 호기심 때문일까요? 그건 아니었죠. 외눈이들의 멸시, 그들의 핍박이 견딜 수가 없었던 거죠."

탈 선생은 봄비 내리는 창밖을 보더니 다소 감흥에 젖어서 말을 이어갔다. 강의실 분위기는 간간히 학생들의 마른 기침 소리나 들릴 뿐 조용했고, 이에 장단 맞추듯이 봄비도 나지막이 내리고 있었다.

"이 이야기에서 외눈이들은 자신들의 정체성에 대해서 전혀 고민하지 않습니다. 왜냐하면 그들에게는 너도나도 외눈박이 자체가 너무나 익숙한 것이어서 의문의 여지없는 확고한 것이기 때문입니다. 하지만 양눈이는 다르죠. 그는 몇 번이나 자신의 정체성에 대해 의문을 품고 있었으며 끊임없이 흔들리고 있음을 알 수 있습니다. 처음에는 양눈이도 외눈이들과 똑같은 외모를 가진 줄 알았지만, 외눈이들의 조롱을 통해서 그들과 자신이 다르다는 것을 알게 되었죠. 그래서 '왜 날 이렇게 낳았을까?'라고 부모를 원망하기도 했죠. 사실 그는 '나는 왜 다른 사람들과 다를까?'라는 질문을 통해서 '나는 누구인가?'라는 질문을 하고 있는 겁니다. 그런데 양눈이는 자신의 정체성에 대한 질문을 통해서 도대체 무엇을 말하고자 했던 것일까요? 물론 우리는 이 이야기가 어떻게 끝나는지 잘 알지 못합니다. 옛날 국어 선생님께서 다 말씀해주시지 않았기 때문이기도 하겠지만, 원래 옛날이야기가 그런 것이기도 하죠. 그래서 우리는 양눈이의 미래를 알지 못합니다. 양눈이의 미래가 결정되지 않았다는 의미에서 양눈이의 미래는 열려 있다고도 볼 수 있습니다. 그것은 우리가 생각하기 나름이고, 우리가 만들어가기 나름이라는 말이기도 합니다."

그때 한 학생이 질문을 했다. 그 질문은 결과적으로 건조한 강의에 약간 활력을 불어넣는 추임새 역할을 하는 듯했다.

"오늘 수업은 파농이 아닌가요? 그런데 정체성 문제와 파농 사이에 무슨 연결고리라도 있나요?"

"좋은 질문입니다. 탈식민주의는 근본적으로 정체성에 대한 질문이기 때문이에요. 내가 방금 든 양눈이의 예는 오늘 우리가 공부하고자 하는 탈식민주의자 프란츠 파농에게도 그대로 적용될 것 같아요. 파농도 양눈이와 마찬가지로 자신의 정체성에 대해서 끊임없이 고민했으니까요. 자, 그럼 '외눈박이 마을의 양눈이'처럼 다수에 의해 억압받는 소수자로서 겪어야했던 파농의 이야기 한 번 알아볼까요? 파농에 관한 수업은 두 부분으로 나누어 진행할 거에요. 먼저, '파농은 어떻게 살았을까' 하는 부분, 다음으로 '파농은 어떻게 존재를 탈식민화하고자 했을까' 하는 부분이 그것이에요. 첫 번째 부분은 저기 저 학생 둘이 나란히 앉아 있네요. 동진이와 서진이가 발표하기로 했죠. 예, 그렇다고 하네요. 두 번째 부분은 다음 시간에 은주와 유진이가 발표하기로 했어요. 맞죠? 오늘은 서진이와 동진이가 먼저 파농의 삶에 관해 발표해보기로 할까요?"

동진은 서진과 함께 교단으로 걸어 나왔다. 짐짓 얼굴에 웃음을 띠었지만 긴장감을 물리칠 수는 없었다. 아무리 발표 준비를 열심히 한다고 했지만 그래도 부족한 점은 감출 수 없었다. 먼저 서진이 말을 꺼냈다.

"안녕하세요, 오늘 발표를 맡게 된 서진입니다. 사족일지 모르지만 먼저 준비하면서 느낀 점 한 가지 말씀드릴까 합니다. 프란츠 파농을 준비하면서 몹시 힘들었는데요, 관련 자료를 구하기 어렵다거나 내용이 어려워서 그런 것은 아니에요. 파농을 읽다 보니까 가시가 목에 걸려 있는 것 같다는 걸 느꼈어요. 딱 뭐라고 말하기 어렵지만,

너무 고통스러워서 뱉어버리고 싶지만 그럴수록 더욱 걸
리적거리며 찔러오는 그런 것이에요. 파농을 읽는 내내
그것을 느꼈는데, 그것은 동진이도 마찬가지라고 말하더
라구요. 그래서 우리는 이런 느낌의 정체는 뭘까, 하고
서로 확인해보았는데, 그것은 아마도 인간이라면 누구나
갖게 되는 그런 것은 아닐까 라고 생각했습니다. 흔히 말
하는 일종의 인간성이나 인간에 대한 존중감 같은 그런
게 훼손되고 있다고나 할까, 하여튼 그런 느낌이에요. 하
여튼 파농에게서 느낀 것은 인권을 부르짖는 서구인들이
근본적으로 위선적이라는 거예요. 그들은 단순히 흑인이
라거나 식민지 원주민이라는 이유로 인간성을 파괴하고
있으니까요. 프란츠 파농이 바로 그런 경우였죠."

서진은 '프란츠 파농'이라는 단어를 약간 혀를 꼬듯 말했는
데, 그 때문에 '파란츠 마농'으로도 들리는 듯했다. 그러자 학
생들이 야유 섞인 웃음을 터트렸다. 그래서 그런지 다소 긴장
감이 흐르던 수업은 한결 부드러워졌다. 이어 동진은 두 장의
A4용지를 다른 학생들에게 나눠주었다.

"우리가 프란츠 파농에 대해 조사한 것은 이 발표문이
다예요. 제목은 '프란츠 파농, 그는 누구인가'입니다. 좀
부실하더라도 용서해주세요, 우리들의 역할은 파농의 생
애를 소개하는 것이니까요. 하지만 프레젠테이션은 파워

포인트로 할 거예요. 중요한 인용문구나 이미지 자료를 중심으로 발표를 진행할 거라는 것이죠. 그럼 스크린을 보시죠."

서진과 동진은 서로 역할을 바꿔가면서 온몸(?)으로 발표를 진행했다. 다소 딱딱한 내용이었지만 오히려 그들은 기발한 아이디어로 발표를 재미있게 이끌어나갔다. 이따금 강의실은 학생들의 웃음소리로 떠들썩했다. 탈 선생은 평소 학생들이 직접 조사해서 부분적으로 수업에 참여하는 것이 열린 강의라고 생각했으므로, 그들의 역할에 만족하고 있는 것처럼 보였다. 발표수업 첫걸음을 잘 내디뎠다고 생각했다. 그는 창가에 기대어 동진과 서진의 발표문을 쓰윽 훑어본 후 그들의 발표를 발언 하나 손짓 하나까지 지켜보았다. 나는 그들의 발표문을 여기에 그대로 옮겨본다.

 **프란츠 파농, 그는 누구인가**

프란츠 파농(Frantz Fanon, 1925~1961)에게는 혁명가, 정신과 의사, 선각자, 정치철학자, 이상주의자 등 아주 근사한 신분들이 붙어 다닌다. 그러나 이 모든 신분들은 그의 진정한 모습을 정확히 드러내기에는 뭔가 부족한 듯하다. 다소 무리해서 표현하자면 그의 정체성을 가장 드러내는 것은 파농이 '자신의 정체성에 대해 끊임없이 고뇌했던 사람'이라는 것이다. 그는 프랑스 식민지

인 카리브 해에 있는 마
르티니크라는 조그만 섬
에서 태어나 정신과 의사
로서 환자를 돌보고, 제3
세계의 해방운동을 연구
했으며, 아프리카 민족해
방전선(FLN)에 뛰어들었
다. 프랑스 국적을 버리고
알제리 독립투쟁에 헌신
했을 뿐만 아니라 아프리

카 전체를 연합국가로 만들려고 했던 이상주의자였다.

사르트르는 파농을 두고 "제3세계가 자신에 대해 알
게 된 것도, 자신에 대해 얘기할 수 있게 된 것도 파농
을 통해서"라고 천명했다. 정신의학자이면서 반식민주
의자로 일컬어지는 파농은, 36년간의 짧은 삶을 통해,
자신의 '검은 피부'에서 '하얀 가면'을 벗겨내려고 무
진 애썼다. 그리고 억압받는 식민지 민중들의 '하얀 가
면'을 벗겨주기 위해 정신과 의사로서 또 민족해방의
전사로서 치열하게 살았다.

1925년 카리브 해 프랑스 땅 마르티니크에서 태어난
파농은 전통적인 식민교육을 받았다. 그리고 제2차 세
계대전이 일어나자 '조국 프랑스'를 위해 레지스탕스
활동에 참여하기도 했다. 이때까지 파농은 명백히 '하
얀 피부'를 가지고 있었다, 아니, 가지고 있었다고 믿었
다.

그러나 제2차 세계대전이 끝나고 본국 프랑스에 남

아 정신의학을 공부하면서, 파농은 자신을 백인과 동일
시해왔던 자신의 생각이 환상임을 깨닫는다. 거리에서
는 그에게 노골적으로 멸시의 눈총을 쏘아 보내고, 환
자들은 의사에게 응당 건네야할 존경을 검은 피부의
의사에게는 내보이지 않았다. 1952년 출간된 『검은 피
부 하얀 가면』은 그 기간 백인이 되고 싶은 흑인으로
서 파농 자신이 겪은 개인적인 좌절을 몸으로 엮어낸
책이다. 흑인, 아니 단순히 백인이 아니라는 사실만으
로도 왜 그렇게 차별과 폭력에 노출되어야 하고, 또 왜
자기 정체성을 부정해야 하는 것일까? 정신이 파괴된
노예가 왜 주인의 가면을 쓰고 싶어 하는지 소외된 흑
인들의 이중심리를 날카롭게 분석함으로써 식민주의의
본질을 파고들어 풀어낸 책이다. 이 저서의 서문은 "우
리가 원하는 것은 오로지 인간을 피부색으로부터 해방
시키는 것이다. 왜냐하면 인간이 흰색과 검은색 두 진
영으로 갈라져 다투기 때문"이라고 명시하고 있다.

1953년 파농은 프랑스 식민지였던 아프리카의 알제
리로 건너가 블리다 주앙빌 정신병원에서 정신병리학
과장으로 일하게 된다. 하지만 얼마 지나지 않아 알제
리 독립전쟁이 발발하게 되었다. 1956년 그는 병원 일
을 완전히 그만두고 알제리 민족해방전선의 투사로 나
서게 된다. 이때, 그는 인간다운 삶을 살기 위해서는
제국주의 국가에 강제 병합된 식민지 민중뿐 아니라
노예화된 삶을 사는 개인들의 해방, 즉 '존재의 탈식민
화'를 달성할 필요성을 절실히 깨닫게 된다. 이 기간
그는 서구 사회의 위선을 고발하고 억압받는 피식민

민중들의 삶을 탈식민화하기 위하여 아프리카 민중들의 고통스러운 삶을 그리고 있는 '대지의 저주받은 자들'에 관한 책을 집필하기로 한다. 그 자신 프랑스인이지만, 프랑스로부터 독립을 쟁취하고자 하는 알제리의 해방투쟁, 나아가 아프리카의 해방과 단결을 위해서 불꽃같은 삶을 살았던 프란츠 파농은 1961년 골수성 백혈병 진단을 받게 된다. 그 당시에는 불치의 병이었던 백혈병과 싸우면서도『대지의 저주받은 사람들』(1961)을 10주 만에 탈고했던 그는 이 책이 출간되고 난 지 며칠 지나지 않은 1961년 12월 6일, 그리고 그렇게 염원하던 알제리 독립을 불과 몇 달 앞두고 36세의 젊은 나이로 숨을 거두었다.

사실 동진과 서진의 발표에 특별한 것은 없었다. 그도 그럴 것이 이번 시간은 단순히 프란츠 파농의 생애에 관한 것이니까. 하지만 그럼에도 동료 학생들은 파농의 삶에 대해서 많은 관심을 표했으며, 실제로 그것은 쏟아지는 질문들로 입증된 셈이다. 많은 질문들 중에서 유독 한 가지가 기억에 남는다. 그것은 한 남학생의 약간 엉뚱한 질문이었다.

"전 남태우라고 합니다. 궁금한 게 있는데요, 파농은 결혼했나요? 했다면 누구랑 했나요?"

이 질문에 동진과 서진은 당황하는 기색이 역력했다. 그들은 얼른 대답 못하고 머뭇거리더니 손에 쥐고 있는 자료뭉치만 뒤적거렸다. 그리고 도와 달라는 듯이 질문한 학생과 탈 선생을 번갈아 쳐다보았다. 몇 초간 침묵이 흘렀다. 그러자 탈 선생이 나섰다.

　"음, 결혼했지요. 백인 프랑스 여성과 결혼한 걸로 알고 있어요. 아마 이름이 조셉 뒤블레일껄요, 분명하지는 않지만. 결혼 한 그해, 그러니까 1952년에 『검은 피부 하얀 가면』을 썼을 거예요."
　"흑인 해방을 부르짖으면서 어떻게 백인 여성과 결혼할 수 있어요?"

남태우는 도저히 이해할 수 없다는 듯이 탈 선생을 쏘아붙였다.

　"그건 내가 대답해야 할 건 아닌 것 같고, 그럼 발표자들에게서 들어볼까요? 서진이는 어떻게 생각해요? 아니면 동진이가 대답해도 좋구요."

동진과 서진은 속삭이듯 잠시 서로 의견을 나누더니, 서로 합의를 본 듯 서진이가 나섰다.

"파농이 백인 여성과 결혼했다고 해서 그의 주장이 퇴색된다거나 또는 이율배반이라고는 생각지 않아요. 어쨌든 결혼은 사생활이니까요. 그는 『검은 피부 하얀 가면』에서 인종차별을 받고 있는 흑인의 정신분열증과 신경증을 정신분석학으로 분석하면서, 흑인 피지배문화에서 보면 백인 지배문화가 표준이 되면서 흑인들이 백인의 논리와 언어로 살게 되는 열등감 문제를 본격적으로 검토했다고 봐요. 비록 파농의 부인이 백인이라고 하더라도 그의 생각은 시종일관 억압 받는 흑인 해방에 있었으며, 나아가 피지배자 흑인뿐만 아니라 지배자 백인마저 해방되어야 한다는, 더 근본적인 의미의 인간 해방을 강조한 것 같아요."

*　　　*　　　*

오늘은 셋째 주 수업시간이다. 오늘 발표할 친구들은 은주와 유진이다. 그들은 나하고도 잘 알고 지내는 친구들인데, 그래서 그런지 나는 그들의 탈식민주의 수업 준비과정을 비교적 소상히 알 수 있었다. 그들은 자료를 찾아 읽고, 그것을 분석하는 데 많은 시간을 할애했고, 심지어 탈식민주의 이론에 관해서 나하고 토론까지 벌였었다. 발표수업 이틀 전, 그들이 준비한 발표문의 제목 '나는 내가 아니다'에 대해 나로서는 상당히 철학적인 질문을 던진 적이 있었다. 하지만 토론이 끝나고서야 나는 그게 다소 맥 빠진 질문이라는 것을 알게 되었다.

"'나는 내가 아니다'라면 나는 도대체 누구란 말이지?"

"야, 상당히 도발적인 질문인데? 이 질문에 대답하기 전에 이런 질문은 어떨까? '나'를 나라고 말할 수 있는 것은 뭐지?"

"음, 그거야 이름, 학번, 또는 소속 학교, 뭐 이런 게 아닐까? 주민등록번호도 그 중 하나겠지."

"이름이야 동명이인도 있을 수 있고, 또 우리 학교에는 너만 있는 것도 아니잖아. 그리고 학번이랑 주민번호만으로 누가 너를 알아보겠니? 그건 그냥 식별번호일 뿐이잖아. 단순히 너를 지시할 뿐, 너에 대한 어떤 정보도 담겨 있지 않은 추상적인 기호일 뿐이야."

"그럼, 이건 어떨까? 우리 부모님의 딸이자 우리 오빠의 하나뿐인 귀여운 동생 말이야. 이것도 너무 뻔한 건가?"

"물론 넌 부모님의 소중한 딸이자 오빠의 하나뿐인 동생이지. 하지만 그게 너의 본질적인 정체성일 수는 없어. 그건 순전히 우연적인 거니까. 우연히 그렇게 된 거니까. 진짜 너의 본질이라고는 보기 어렵지 않을까?"

"그렇다면 민주 너의 대답은 뭔데?"

"음 … 모르겠어. 사실 나도 궁금해서 되물어본 거거든. 하지만 문제는 나를 다른 사람들과 구별시켜주는, 그래서 나만이 갖고 있는 나의 고유한 본질일 텐데, 그게 뭘까? 은주야, 아마도 그건 사람마다 다르지 않을까? 이를테면 말이야, 내가 여성이라는 점에 더 많은 관심을 갖고 있다면 여성의 정체성이 나의 본질적 특징일 테고, 다른 무엇보다도 내가 한국인이라는 점에 더 강한 자부심을 갖고 있다면 한국인의 정체성이 나의 본질적 특징을 드러낼 테고, 그리고 심지어 내가 동성애자라면 동성애자라는 나의 특징이 나의 정체성이 아닐까? 아무튼 이 문제는 발표수업 때 좀 더 살펴봐야겠어.”

나는 내심 토론이 더 이어지길 바랐지만 토론은 더 이상 이어지지 않았다. 은주와 유진은 발표수업 준비로 다시 부산을 떨었고, 나는 나대로 약속이 있어서 그들과 헤어져야 했기 때문이다. 그리고 이틀 후 기다리던 발표수업이 진행되었다. 발표수업에 대한 반응은 뜨거웠다. 그들도 최선을 다했다. 그들의 발표는 열정적이었고, 확신에 가득 차 있었으며, 프레젠테이션은 깔끔했다. 나는 그들의 발표내용을 아래에서 최대한 그들의 표현과 어투 그대로 전달하려고 노력했다. 그리고 때때로 프란츠 파농을 등장시켜 그의 가상 육성 인터뷰도 시도했다. 물론 내가 이해하는 방식대로 끼워 넣긴 했지만. 혹시나 전달과정에서 잘못이 있다면 그 책임은 전적으로 내게 있음을 미리 밝혀둔다.

나는 내가 아니다

프란츠 파농이 학교에 들어가서 처음으로 배운 것은 '나, 너, 우리'가 아니라 '나는 프랑스인이다'였다고 합니다. 그는 글을 배우고 또 새로운 또래 친구들을 만난다는 사실 때문에 다소 설레는 마음으로 학교에 입학했을 것입니다. 그리고 너무나 당연히 프랑스인으로서 프랑스어를 배우고 프랑스 역사를 공부했을 것입니다. 비록 유럽에서 보자면 머나먼 카리브 해의 프랑스 식민지 마르티니크 섬에서 흑인 노예의 후손이었던 아버지와 흑백 혼혈이었던 어머니 사이에서 태어났지만, 비교적 유복한 가정에서 태어나 전형적인 프랑스식 가정교육을 받았던 파농이 스스로를 프랑스인으로 여기는 것은 어쩌면 당연했을 것입니다.

1939년, 제2차 세계대전의 발발과 더불어 프랑스의 로베르 해군제독이 이끄는 1만 명의 군인이 마르티니크 섬에 도착합니다. 조국 프랑스가 나치 독일의 침공으로 누란의 위기에 처해 있었지만 위풍당당한 프랑스 함대가 소년 파농에게는 가슴 벅차게 느껴졌을 것입니다. 파농은 마르티니크 주민들과 함께 프랑스 함대와 해군들을 두 손을 흔들어 열렬히 환호했습니다. 하지만 환대 분위기는 얼마 지나지 않아 비온 후 먼지 가라앉듯 무겁게 가라앉았습니다. 프랑스 해군들은 더 이상 "자랑스러운 우리 프랑스 군인들"이 아니었습니다. 백인들로 구성된 프랑스 군인들은 섬 주민들에게 직접적이고 폭력적인 인종차별을 자행했습니다. 섬에 상륙하자마자 프랑스 군인들은 관공서는 물론, 호텔과 음식점, 심지어 창녀촌까지 몰수했으며, 더구나 대중시설에는 흑백 인종을 철저히 구분하는 칸막이까지 설치했습니다. 이에 부당함을 느낀 몇몇 흑인들이 일말의 불만이라도 토로하면 군인들은 낄낄대면서 그들을 무지막지하게 구타했습니다. 그것은 명백히 점령군의 행태, 그것도 야만적인 점령군의 모습이었습니다. 대부분의 마르티니크 흑인 주민들은 모욕을 느끼고 공포를 느꼈지만, 깊은 침묵 속에 지내지 않으면 안 되었습니다.

'하지만 그들은 진정한 프랑스인이 아닐지도 몰라. 프랑스는 자유, 평등, 박애의 나라잖아. 진정한 프랑스인이라면 인종주의자인 나치들에 저항해야 하는 것은 아닐까?' 파농은 그렇게 마음속으로 중얼거렸을 것입니다. 그의 중얼거림은 말만으로 끝나지 않았습니다. 그는 당장 나치즘으로부터 프랑스를 수호하기 위해 자유프랑스군에 자원 입대합니다. 그렇지만 1944년 출정식 당일, 자부심에 가득 찼던 마르티니크의 자원병들은 주민들로부터 어떤 환송식도 받지 못하고 죄수들처럼 오밤중에 군함에 태워집니다. 18세기 그들의 조상인 흑인 노예가 그랬던 것처럼 말이죠. 하지만 그것은 약과였습니다. 배에서 내린 후의 상황은 더 참혹했습니다. 자유프랑스군은 피부색에 따라 철저히 계급화하여 군수품 배급부터 피복, 막사

시설까지 차별을 당연시 했습니다. 이 피라미드의 맨 꼭대기에는 유럽의 백인 병사, 맨 아래는 아프리카 원주민 병사가 있었습니다. 그럼 흑인이면서 프랑스 국적이었던 파농은 어떻게 분류되었을까요? 불행 중 다행인지 모르겠지만 앤틸리스 제도의 의용병은 '유럽인'으로 분류되었습니다. 아프리카 출신 의용병들은 원통형 모자를 썼지만, 파농은 유럽의 백인 병사와 같은 계급으로 분류되어 베레모를 썼습니다. 만일 부주의하게도 그가 베레모를 쓰지 않고 유럽인 막사를 출입했으면 어떻게 되었을까요? 아마도 엄청난 얼차려를 당했을 것입니다. 비록 유럽인이지만 늘 '모자'로 자신을 증명해야만 유럽인으로 인정받는 2등 유럽인, 하지만 아프리카 흑인들보다는 훨씬 높은 계급에 있는 흑인, 프랑스인이자 동시에 프랑스인이 아닌 이중적 인간! 이 체험이야말로 파농에게는 인종 간의 마찰이자 갈등을 몸으로 피부로 느끼는 계기가 되었습니다.

파농이 체험한 인종 간의 마찰은 흑백이라는 피부색 간의 갈등뿐만 아니라 '억압하는 자'와 '억압받는 자'라는 인종갈등을 의미합니다. 사실, 식민주의의적 인종차별주의는 여타 인종차별주의와 크게 다르지 않습니다. 다만 다른 점이 있다면 그것은 피부색보다 더 깊은 곳에 자리잡고 있는 지배와 피지배, 억압과 무시, 수탈과 착취라는 정치경제적·문화적 불균형이 피부색의 멜라닌 색소에 의해 정당화되고 있다는 점입니다. 그래서 파농의 철학은 냉혹한 식민 지배를 거부하기 위해 끓어오르는 화산처럼 함축적이고 격정적인 언어로 표출되었습니다. 자신에게 금지된 것을 거부하고, 스스로의 존재를 긍정함으로써 식민 지배로부터 해방된다는 것입니다. 그는 소리 없이 다가와 어둠속에서 갑자기 불쑥 얼굴을 내밀 듯이 그렇게 우리에게 등장합니다.

> 파농 "원주민은 정체된 존재예요. 차별정책은 식민지 세계의 구역 나누기의 원칙일 뿐이죠. 원주민들이 처음으로 배우는 것은 한계를 벗어나지 않고 자신의 위치에 머무는 것입니다. 그래서 원주민들의 꿈은 근육을 쓰는 꿈들이죠. 나는 높이 뛰고, 수영하고, 달리고, 기어오릅니다. 폭소를 터뜨리고, 큰 걸음으로 강을 건너뛰고, 한 무리의 차량들이 날 뒤쫓지만 난 절대로 잡히지 않는 꿈을 꿉니다. 식민 시대에, 식민지인들은 저녁 9시에서 새벽 6시 사이에 도주를 부단히 꿈꿨습니다."

이와 관련, 시대는 다르지만 조한혜정 교수는 "자신의 문제를 풀어갈 언어를 가지지 못한 사회, 자신의 사회를 보는 이론을 자생적으로 만들지 못한 사회"를 여전히 식민지라고 주장한 바 있습니다.

하얀 가면을 벗어던져라

● '검은 피부 하얀 가면', 파농은 백인이 되고자 하는 흑인의 강박관념을 정신분석학으로 철저히 해부한다.

『검은 피부 하얀 가면』은 백인들이 흑인에게 부당하게 부여한 비정상성과 비합리성의 세계로 우리를 초대합니다. 이 책에서 파농은 흑인에 대한 백인의 근거 없는 우월감 못지않게 흑인의 열등감도 삶을 식민화한다고 생각합니다. 백인에게는 스스로 우월하다는 허위의식만 있고 흑인에게는 오직 자신의 존재 가치를 백인에게 증명하려고 무진 애쓰는 강박관념만 있을 때, 인간의 진정한 자유는 요원하다고 보는 것입니다.

그런데 파농에게는 흑인은 백인과의 관계에서만 흑인일 뿐입니다. 흑인도 흑인이기 이전에 그냥 인간이라고 생각하기 때문입니다. 하지만 자신의 고향 마르티니크에서 흑인에 대한 프랑스 군인들의 시선은 제국주의자들의 인종차별 그것이었으며, 그것은 여느 식민지와 다를 바 없다는 것을 깨닫게 됩니다.

하지만 문제는 거기에만 있는 것은 아니었습니다. 흑인들은 백인들의 인종차별적 태도에 맞서 싸우려고 하기보다 오히려 그런 백인을 닮아가려고 했다는 점입니다. 흑인들은 백인이 설정한 가치기준이 억압적이고 편파적임에도 불구하고 그 기준을 무너뜨리기보다는 자신들의 모든 삶을 그 기준에 맞추려고 하는 '의존 콤플렉스'가 작용한 까닭입니다. 흑인은 미개하고 야만적이며 폭력적인데다가 심지어 식인(食人)까지 서슴지 않는다는 '흑인공포증'은 백인 식민주의자들이 심은 지배이데올로기임에도, 정작 흑인들은 이를 거부하기는커녕 적극 수용하고 내면화합니다. 그리고 검은 피부에 하얀 가면을 덧씌움으로써 현재의 고통에서 벗어날 수 있다는 착각 속에 빠지고 맙니다. 파농은 흑인 내면에 자리한 이러한 비뚤어진 자의식과 열등감을 바로 잡지 않으면 인간 해방은 불가능하다고 판단했습니다.

파농 "흑인은 백인이 되고자 합니다. 그런데 백인은 자신들의 삶을 마치 보편적인 가치를 지니는 것처럼 강변하죠. 단지 유럽 백인들에게만 의미 있는 가치일 뿐인데도 말이죠. 백인은 자신의 백인성이라는 봉인 속에 갇혀있는 거죠. 흑인도 흑인성 속에 갇혀있기는 마찬가지입니다. 우리는 이러한 이중적인 나르시시즘의 방향과 그 나르시시즘을 고무하는 동기를 확인하게 될 것입니다. 흑백간의 악순환, 그것을 어떻게 해결할 것인가에 대한 관심이 나의 유일한 연구지침입니다. 백인에겐 하나의 사실이 있습니다. 스스로를 흑인보다 우수하다고 생각하는 사실 말이죠. 흑인에게도 하나의 사실이 있습니다. 어떤 대가를 치러서라도 그들 사상의 풍요로움과 그들 지성사의 뒤떨어지지 않는 가치를 백인들에게 증명하려고 애쓴다는 사실 말이죠.”

수 세기 동안의 노예생활과 식민생활을 거치면서 흑인들은 특정한 성격을 갖고 있는 인물로 정형화되었으며, 그들에 대한 백인들의 관계와 시선을 고착시켜 놓았습니다. 그래서 그 시선에서 헤어나기란 쉽지 않았을 것입니다. 파농은 이렇게 고백합니다.

파농 “사람들이 날 좋아 할 때는 그들은 내 피부색에도 불구하고 날 좋아한다고 말하고, 그들이 날 싫어 할 때는 내 피부색 때문이라고 덧붙이죠. 어쨌든 난 악순환의 고리에 갇힌 포로예요.”

이러한 인종차별주의는 또한 검은색을 지칭할 때도 드러납니다. 검은색과 흰색의 관계는 단순히 명도의 차이가 아닙니

다. 그것은 가치의 차이이자 높낮이의 문제였습니다. 그것은
또한 특히 죄악을 검은색으로, 선행을 흰색으로 보는 종교적
암시에서도 분명히 드러납니다. 검은색에 대한 이런 태도는
거의 필연적으로 그대로 굳어져 버렸습니다. 파농의 목소리를
더 들어보겠습니다.

> 파농 "검은색은 어둡고 칙칙하고 모호하며, 그늘, 어둠,
> 밤, 대지의 미궁, 심연, 누군가의 명성을 더럽힘 등
> 을 의미하죠. 흰색은 밝고 경쾌하고 명료하며, 낮,
> 순결, 따뜻함, 평화의 흰 비둘기, 천상의 마법의 빛
> 등을 의미하죠. 하지만 색깔은 색깔일 뿐이죠. 그 이
> 상도 이하도 아니에요."

언어도 인종차별주의의 태도로부터 자유로울 수는 없었습
니다. 카리브 해의 마르티니크 섬에 사는 흑인들은 프랑스어
구사능력에 따라 백인화의 정도를 평가 받았습니다. 프랑스어
를 유창하게 말할수록 더욱 백인에 가깝다는 느낌을 강요당
했습니다. 심지어 프랑스어를 얼마나 잘 구사하느냐에 따라
인간 됨됨이가 가늠될 정도였습니다. 물론 언어는 의사소통의
수단으로서 매우 중요하다는 것은 분명합니다. 하지만 그것이
꼭 프랑스어여야 하는지, 그리고 단지 프랑스어를 통해서 인
간의 존재 가치까지 평가되어야 하는지는 의문입니다. 그런데

언어 문제는 백인이 되고자 하는 흑인의 로망, 검은 피부에 하얀 가면을 덮어씌워 흑인성을 감추려는 욕망에까지 닿아 있습니다. 왜냐하면 식민지 흑인들은 오직 프랑스어를 통해서 식민 모국의 문화적 수준에 이를 수 있다고 생각했기 때문입니다. 프랑스어를 얼마만큼 구사하느냐에 따라 밀림의 동물성 신분에서 벗어나기도 하고 다시 동물성 신분에 매몰되기도 한다고 생각했기 때문입니다. 식민지 흑인들은 자신의 흑인성 혹은 자신의 원시성의 폐기를 통하여 백인화 되어가고자 하는 존재였던 것입니다. 이러한 흑인 콤플렉스는 파농의 자조 섞인 말에서 진하게 묻어납니다.

> 파농 "그렇습니다. 나 역시 나의 말하기 방식에 살을 도려내는 고통을 느낍니다. 왜냐하면 나는 나의 말하기 방식을 통해 직간접적인 평가를 받게 될 것이기 때문입니다. 나는 그것이 두렵습니다."

파농은 식민주의가 필연적으로 인종차별을 낳는다고 생각합니다. 그는 『대지의 저주받은 사람들』(1961)에서 식민사회에서의 '구획짓기'는 필연적으로 인종차별을 재생산하게 된다고 지적합니다. 그래서 그는 "이 흑백논리가 식민 지배를 받는 사람들의 인간성을 말살한다"고 주장합니다. 예컨대 사르트르가 알제리 전쟁 당시 지적한 것처럼 "식민체제가 '인간 이하'

의 체제를 낳는다”는 주장이 진짜 그가 말하고 싶은 것인지 모릅니다.

식민주의에 대한 파농의 비판은 한 단계 더 나아갑니다. 파농은 “식민체제는 인간을 동물화한다”고까지 말합니다.

> 파농 “사람들은 원주민의 비굴한 동작, 원주민 마을에서 풍기는 냄새, 유랑민, 악취, 우글거림, 증식, 꿈틀거림 등을 연상하고 하죠. 폭발적인 인구증가, 히스테릭한 대중, 인간성이 말살된 얼굴들, 더 이상 아무것하고도 닮은 데가 없는 뚱뚱한 몸, 종잡을 수 없는 무리, 돌보는 사람이 아무도 없는 것처럼 보이는 아이들, 태양 아래 늘어져 있는 나른함, 식물적인 리듬, 이 모든 것들이 식민 사고의 어휘들입니다.”

이 식민 사고의 어휘들은 탈식민화된 지금도 여전히 사라지지 않고 힘을 발하고 있습니다. 원주민의 ‘인간성 말살’은 그들을 다루는 방식에서 묻어납니다. 제국의 규칙을 따르도록 규율하고, 그렇지 못할 때 동물성을 뼈저리게 느끼게 할 정도로 구타하고, 파업, 시위, 소요 등은 부정적인 낱말이고 순종, 평화, 질서 등은 긍정적인 낱말이라는 것을 주입하는 것이 식민 지배 영토에서 가장 흔히 엿볼 수 있는 풍경입니다. 하지만 알제리 전쟁은 폭력과 경멸 위에 세워진 지배체제를 파괴하는 것입니다.

폭력은 폭력인가

이렇게 정체성이 인정받지 못하고 야만적인 폭력이 지배하는 식민화의 시대에는 어떤 일이 벌어질까요? 식민지 원주민은 한갓 사물로 전락하거나 동물적인 상태에 떨어지고, 마침내 악의 화신으로 간주됩니다. 하지만 원주민, 즉 피억압자는 늘 억압자 이주민에 의해 열등하게 취급되지만, 그 스스로는 자신들의 열등함을 진심으로 인정하지는 않습니다. 아무리 억압을 당할지언정 길들여지지는 않습니다. 그래서 백인 이주민이 경계를 풀 때까지 기다리느라 흑인들의 근육은 늘 긴장 상태이며, 이런 긴장은 이따금 유혈적인 폭발로 배출됩니다. 부족 전쟁, 씨족 갈등, 개인들 간의 다툼이 바로 그런 전형적인 사례들입니다.

> 파농 "이주민이나 경찰은 언제나 원주민에게 매질을 하고 모욕을 가할 권리를 가지고 있지만, 원주민이 품속의 칼을 빼는 것은 단지 다른 원주민이 그에게 조금이라도 적대적인 행동을 하거나 공격적인 눈길을 보냈을 경우입니다. 원주민에게 최후의 수단은 자신들의 형제를 상대로 자신의 인격을 방어하는 것이죠"

하지만 서로 상처를 주고받는 원주민과 원주민 관계를 바

꿀 수 있는 것은 무엇일까요? 다시 말해 어떻게 해야 한 원주민이 이주민에게 겨누어야 할 칼을 다른 원주민을 찌르는 현상을 막을 수 있을까요? 파농은 그 대답으로 폭력을 제안합니다. 그것은 원주민의 원한의 감정을 내부에서 외부로 돌리는 효과를 낸다고 생각했습니다.

> 파농 "식민지 민중으로서는 폭력만이 유일하게 가능한 일이기 때문에 폭력에 긍정적이고 창조적인 성격을 부여하게 됩니다. 폭력의 행사로 그들을 한 덩어리로 묶어주며, 각 개인은 폭력이라는 커다란 사슬의 고리들이 되죠. 이 거대한 폭력의 유기체는 이주민(유럽인)이 처음에 행사한 폭력이 클수록 덩치가 커집니다. 개인적 차원에서 폭력은 정화의 힘을 가지기도 합니다. 폭력은 원주민에게서 열등감과 좌절, 무기력을 없애주고 용기와 자존심을 되찾게 해주죠."

파농은 식민지 상황에서 폭력이 민중을 다시 태어나게 하고, 그들을 하나로 묶어주며, 그들을 '민족'으로서 서게 하는 힘을 갖는다고 말합니다. 이 폭력이야말로 존재의 탈식민화를 가능하게 하는 수단이라는 것입니다. 폭력을 통해 탈식민화된 민중은 다시 태어난 사람이며, 그래서 그는 더 이상 의존적이지 않을 것입니다. 그는 진정 자유인입니다. 그래서 누구도 두렵지 않을 것입니다.

> 파농 "만약 내 삶이 지배자의 삶과 똑같은 무게를 지녔다
> 면, 그의 시선이 날 더 이상 두렵게 하지도, 날 옴짝
> 달싹 못하게 하지도 못할 것이며, 그의 목소리가 날
> 더 이상 화석화 시키지도 못할 것입니다. 그의 면전
> 에서 난 더 이상 두려움에 떨지도 않을 것입니다.
> 실상, 내가 그를 괴롭히게 될 것입니다. 그의 존재가
> 날 방해하지 못하는 것만 아니라, 내가 이미 그를
> 괴롭힐 준비를 하고 있으니 그가 도망가는 수밖에
> 없을 것입니다."

어떤 여건에서 독립 투쟁이 이루어질까요? 『대지의 저주받
은 사람들』은 "비식민지화 투쟁이 항상 폭력적인 현상을 유
발시킨다"고 말했습니다. 왜냐하면 폭력이 폭력을 부르기 때
문입니다. 이주민들의 폭력이 원주민 영토에 조금만 진입만
해도, 평화적으로 그것에 대항하기는 힘들기 때문입니다. 식
민지 정복자들은 하나 같이 폭력으로 원주민들을 무자비하게
제압했기 때문입니다.

어쩌면 원주민들의 반란은 당연한 것일지 모릅니다. 그러
면 파농이 폭력을 정당화하고 있는 걸까요? 그가 폭력을 무조
건 정당화하는 것은 아닙니다. 적어도 그는 폭력의 기원과 피

억압자들의 유일한 해방구가 폭력임을 이해해야 한다고 주장합니다. 그리고 "모든 폭동은 냉전이 그려놓은 그림의 일부를 구성한다. 식민지의 폭력과 지금(1950~60년대) 만연한 평화적 폭력 사이에는 일종의 공모적인 합의, 동질성이 있다"고 말했습니다. 식민지 통치 권력이 폭력을 회피하기 위해 이주민과 원주민을 분리하고 원주민들을 차별하는 한, 또한 나아가 원주민들끼리도 구획짓는 한, 그것은 '평화'와는 거리가 먼, 오히려 폭력을 조장하는 '근본주의'를 양산했다고 주장합니다. 따라서 탈식민화가 이루어진다면, 구체적으로 아프리카가 독립을 쟁취할 경우, 폭력도 사라질 것이라고 봅니다. 말하자면, 제국의 거대한 폭력이 사라지는 한, 작은 폭력도 사라진다는 것입니다. 물론 이후의 역사가 단순하지 않았다는 것을 우리는 알고 있습니다. 하지만 그것은 프란츠 파농의 과제라기보다는 우리의 과제일 것입니다.

서구 휴머니즘을 넘어서

식민주의는 얼핏 보기에 서구의 보편적 가치(?)를 이식시키는 것이기도 합니다. 하지만 그 가치는 더 이상 원주민에게는 적용되지 않습니다. 그것은 그들만의 리그였지, 원주민에게는 개방되지 않았습니다. 그래서 그것은 위선적인 것입니다. 파농은 "만약 지식이나 혹은 철학의 이름으로, 사람들이 인간의 평등을 주장하는 것이라면, 또한 그 이름으로 사람들은 그것들을 없애야 한다"고 주장합니다.

제2차 세계대전이 종식된 지도 수십 년이 지났지만 아프리카의 탈식민 민족해방은 요원한 것처럼 보였습니다. 1961년, '인간과 마주치는 곳곳, 모든 거리, 세계 구석구석에서 인간을 학살하며 끊임없이 인간 얘기를 하고 있는 유럽을 떠나자'고 사람들은 외쳤습니다. 한줄기 구원의 불빛을 찾아서 프랑스에 맞서야 한다고 외치기도 했습니다. 프랑스는 더 이상 자유와 평등과 박애의 나라가 아니라고 주장했습니다. 세티프(1945년 5월)와 마다가스카르(1947년 3월)의 대학살을 자행한 프랑스를 한 번 보라고 외쳤습니다. 2차 세계대전이 종식되자마자 프랑스가 세네갈과 모로코의 형제 병사들에게 등을 돌렸다고 외쳤습니다. 파농은 다음과 같이 충고합니다.

파농 "오늘날 우리는 모든 것을 할 수가 있습니다. 그러나 조건이 있죠. 유럽을 흉내 내고, 유럽을 따라잡겠다는 욕망에 사로잡히지 않겠다는 조건이 그것입니다. 유럽은 광적이고 무질서한 속도에 휩싸여 있습니다. 그 어떤 기사나 이성도 그 속도를 통제할 수가 없습니다. 유럽은 현기증을 유발하는 놀라운 속력으로 나락으로 추락하고 있어, 되도록이면 서둘러 유럽과 멀리 떨어지는 것이 좋다고 말하고 싶군요.”

파농은 자신이 어떤 유럽에 대해 말하는지 알고 있습니다. 그는 알제리의 독립을 지지했던 유대인이나, 아프리카 독립의 이유를 지지했던 프랑스인들에게 경의를 표했던 사람입니다. 파농의 행동은 보편적인 것입니다. “흑인인 내가 원하는 것은 단 한 가지다. 결코 도구가 인간을 지배하지 않기를 바라며, 인간에 의한 인간의 굴종은 영원히 중단되기를 바란다.”

파농은 이제 흑인은 더 이상 백인 문명이 “인류애, 선의, 예의범절, 또는 소위 세자르가 ‘유서 깊은 기사도 문명’이라고 상찬할 만한 기본적인 가치의 담지자”가 아니라는 사고의 전복 과정을 통해 탈식민적 의식을 가져야 한다고 주장합니다. 그리고 흑인은 명확하게 흑백논리인 마니교적 이원론을 실행하는 메커니즘을 만든 것이 백인이라는 사실을, 자신들을 열등 콤플렉스와 같은 문화적 사기를 통해 노예화시킨 것이 백인 문명이라는 것을 인식해야 한다고 주장합니다. 유럽 백인문명의 원천은 노예의 피, 저개발 세계의 흙과 땅이며, “유럽의 복지와 진보는 흑인, 아랍인, 인도인, 황인종의 땀과 죽음을 토대로 건설 된 것”이라는 사회경제적 현실을 고려하면서 흑인 주체의 탈식민화를 추구해야 한다는 것입니다. 이것만이 탈식민화의 험난한 도정에서 흑인이 주체적 입장을 가지는 계기를 부여한다는 것이죠.

근대 식민 지배의 본질적 동기가 서구 자본의 제3세계로의 확대를 통한 자본의 세계화임은 말할 필요도 없을 것입니다. 그 세계화는 자본이 만든 서구의 문제와 서구 문화의 위기를 지연시키기 위해 서구 열강이 비서구를 절대적 타자로, 악의 근원으로 희생시키는 과정이었습니다. 이 점에서 파농이 인종의 문제가 계급의 문제를 포함한 것으로 규정한 것은 식민 시대의 인종주의를 단지 좁은 의미의 인종 분할과 차이로만 설명할 수 없는 경제적 체제와 식민지 인간의 문제 때문이라고 할 수 있습니다. 식민지의 인종주의는 물질적 토대인 자본의 문제와 맞물려 작동하는 사회적 실천 속에서 구성되기에 계급의 문제를 포함할 수밖에 없을 것입니다.

계급과 인종은 식민주의에서 극단적 문제를 낳습니다. 그것은 모두 식민지 원주민의 처참한 비인간화를 조장합니다. 프롤레타리아의 비인간화와 미개와 야만이라는 허구적 조작에 의한 흑인의 비인간화라는 이중적 메커니즘이 파농의 흑인, 아프리카의 흑인에게 작동했고, 지금도 여전히 작동하고 있습니다. 이 점에서 파농의 철학은 인종주의와 식민주의에 의해 발생한 비인간화 상황에 대한 저항의 산물일지 모릅니다. 파농은 헤겔(Hegel), 마르크스(Marx), 프로이드(Freud), 사르트르(Sartre)와 같은 근대 유럽의 위대한 철학자와 부단히 부딪치며 흑인의 비인간화를 야기하는 서구의 지배 논리를 전복시키고자 했습니다.

● 유럽 휴머니즘은 백인 남성만을 인간으로 지칭함으로써 여성이나 유색인을 한갓 노예로 간주했다.

파농의 철학 여정은 인간을 비인간화시키는 적에 대한 투쟁입니다. 파농의 식민주의의 비인간화에 대한 비판은 인종주의 및 식민주의 속에 작동하는 서구 이분법적 사고에서 시작하여, 르네상스 이후 서구 문명의 핵심인 휴머니즘 비판으로 나아갔습니다. 그것은 식민지인과 피식민지인, 가해자와 피해자 모두의 비인간화를 초래하는 서구의 휴머니즘에 대한 비판이었습니다. 파농은 흑인의 비인간화를 초래하는 서구 인종주의의 폐해가 백인에게도 향하고 있음을 설파하면서, 서구 휴머니즘의 비인간성을 비판했습니다. 『검은 피부 하얀 가면』에서도 이 점이 명확히 제시되어 있습니다. "흑인, 그를 비정상적인 인간으로 만드는 주체는 어떤 의미에서 바로 그 자신이라고. 또한 백인에게도 지적해왔다. 그는 흑인을 신비화시킨 가해자이면서 동시에 피해자라고.”

물론 『검은 피부 하얀 가면』에서 백인을 가해자로서 더 많이 부각시키고 있는 것은 사실이지만, 파농은 식민주의는 흑인과 백인 모두가 허구적 관념으로 타자를 왜곡되게 바라보는 비인간화의 가해자이자 피해자임을 강조합니다. 이러한 비인간화를 초래하는 휴머니즘은 식민주의에 투사된 유럽 중심적 담론 체계로서 휴머니즘입니다. 로버트 영(Robert Young)의 말처럼 “인간 본성, 인간성, 그리고 인간 정신의 보편적 성질이라는 관념을 윤리적 문명의 공동선으로 형성하는 작업이 오늘날 서양 식민주의의 시대로 알려진 세계사의 유례없는 폭력적 세기에 발생”했다는 것은 식민주의 이데올로기 형성에 휴머니즘이 결정적인 역할을 했다는 점을 보여줍니다. 파농은 이제 다음과 같이 탈식민화와 새로운 휴머니즘의 의미를 부여합니다.

> 파농 “탈식민화는 그들의 존재에 새로운 인간이 가져온 자연스러운 리듬을 부여하며, 그와 더불어 새로운 언어와 새로운 인간성을 부여할 것입니다. 즉 탈식민화는 새로운 인간의 창조인 셈이지요.”

서구에 의해 비인간화된 사물로 규정된 흑인이 자기 자신을 해방시키는 과정을 통해 새로운 인간으로 탈바꿈하는 것이 탈식민화입니다. 새로운 휴머니즘은 존재의 탈식민화를 말하는 것이며, 탈식민화 이후의 인간을 바라보는 올바른 관점인 것입니다. 그래서 파농은 흑인들에게 이렇게 외칩니다. "동지들이여, 유럽을 위해, 우리 자신을 위해, 인간성을 위해 우리는 새롭게 출발해야 하고, 새로운 사고방식을 계발해야 하고, 새로운 인간을 창조하는 데 전력해야 한다."

파농은 흑인에게만 새로운 휴머니즘에 대한 지향을 요구하지 않습니다. 존재의 탈식민화를 위한 새로운 휴머니즘은 유럽 열강에 의해 비인간, 짐승, 사물로 간주된 유색인종에게만 국한된 것이 아닙니다. 그는 서구인에게도 동일하게 요구되는 인간성 존중의 명제가 있으며, 서구인과 비서구인이 모두 새로운 휴머니즘을 자아와 타자에게 적용시켜야 한다고 역설합니다. 파농은 "타자를 만지고 타자를 느끼고 동시에 그 타자를 내 자신에게 설명하려는 그런 단순한 노력을 왜 하지 않는가?"라는 그의 외침을 서구인에게도 비서구인에게도 들려주고 싶어 합니다. 그는 식민주의적 인종주의 문제, 즉 "인간에 의한 인간의 노예화를 중단"시키기 위해서는 "흑인과 백인, 그들 모두가 각각 숭배하는 조상들의 비인간적 목소리를 등지고 진정한 대화를 시도해야만 한다"고 주장하면서 휴머니즘의 진정한 복원을 소망합니다.

그러므로 진정한 인간화, 곧 존재의 탈식민화를 바라는 모든 실천에서 파농의 철학은 적극적으로 참조해야할 가치가 있습니다. 21세기의 병리학을 새롭게 서술하고 치유하고자 한다면, 다시 파농의 외침을 경청할 것을 요구합니다. "유럽을 떠나라"라는 외침의 진정한 울림을. 우리 인간이 한 걸음 더 전진하고 싶다면, 억압과 착취가 여전히 꾸물거리는 현재와는 차원으로 인간을 이끌고자 한다면, 우리는 혁신해야 하고, 또 혁신해야 합니다. 인간 해방, 곧 인간의 진정한 자유를 열망하고자 한다면, 우리는 유럽이 아닌 다른 곳을 찾아야 합니다.

프란츠 파농은 다시금 탈식민의 최전선에 서 있습니다. "유럽을 떠나라." 이 외침은 다시 '여기 지금'에도 여전히 메아리치고 있습니다.

*　　　*　　　*

발표수업은 수업 종료 시간보다 10분이나 더 진행되었지만, 다음 수업에 바쁜 몇몇 학생들을 제외하고는 아무도 자리를 뜨지 않았다. 수업은 프레젠테이션이 끝나고 토론으로 이어졌다. 폭력이 탈식민화를 가능하게 하는지, 만일 가능하다면 폭력이 정당화될 수 있는지에 대해 많은 학생들이 뜨거운 설전을 벌였다. 은주와 유진이는 곤란한 질문들에 몇 번이나 곤욕을 치렀지만 무리 없이 잘 대처했다. 특히 유진의 역할이 돋보였던 것 같다.

나 또한 존재의 탈식민화에 대해 질문을 했다. 유진은 존재의 탈식민화는 근본적으로 인간 해방이라고 답변했다. 유진의 답변을 듣고 나서도 나는 '존재의 탈식민화'를 오랫동안 곱씹어 보았다. 존재의 탈식민화, 이것은 비단 제3세계 민중들에게만 해당되는 것은 아니라고 생각했다. 오늘날 우리들이 느끼는 절망적인 고통도 여전히 존재의 식민화 상태 때문일지도 모른다. 결혼이주자, 이주노동자들뿐만 아니라 여성들도, 장애인들도, 그리고 88만원 세대의 우리 청년들도……. 이것이 사실이라면 존재의 탈식민화는 지금도 요구되고 있는 것은 아닐까? 파농 수업을 마치고 친구들과 몰려간 떠들썩한 술자리―그 맥주집 이름이 아마 '에드워드와 사이드'였지?―에서도 '탈식민주의', '파농'이라는 어휘들이 담배 연기 속으로 떠돌고 있었다.

'그래. 수업이 아직 끝난 게 아니잖아. 이제 겨우 몇 걸음을 내디뎠을 뿐인데. 다음 수업의 주제가 에드워드 사이드였지. 탈식민주의와 오리엔탈리즘이라. 좋아, 탈식민주의가 인간의 자유와 무슨 관계가 있는지 좀 더 살펴봐야겠어.'

나는 탈식민주의가 근본적으로 인간 자유의 길일 것이라고 생각하면서 오늘 발표수업을 끝낸 은주와 유진이를 물끄러미 바라보았다.

"건배. 탈식민주의 만세! 파농 만세!"

갑자기 은주와 유진은 어깨가 아플 정도로 나를 꽉 끌어안으며 내게 술잔을 부딪쳐왔다.

에드워드 사이드와 오리엔탈리즘

오리엔탈리즘 넘어서기

에드워드와 사이드

석현은 탈 선생의 블로그에 막 업데이트된 낯선 제목의 글을 발견했다. 에드워드와 사이드? 도대체, 무슨 소리를 하려는 것이지? 다음 강의의 주제는 '에드워드 사이드와 오리엔탈리즘' 아닌가? 분명히 강의계획서에는 에드워드 사이드라는 인물이었는데, 오리엔탈리즘이라는 저술은 두 인물의 공동저작인가? 하여튼, 일단 클릭!

___"에드워드"와 "사이드"

1935년, 그의 어머니는 대영제국의 멋쟁이 황태자의 이름을 그에게 붙였고, 그를 에드워드라고 불렀다. 그

는 에드워드가 되었다. 에드워드의 아버지는 미국 시민권을 가지고 있었다. 잘 나가는 사업가였다. 에드워드는 영국 성공회에서 세례를 받았다. 세인트 조지 학교와 빅토리아 고등학교는 에드워드에게 영국식으로 생각하는 법을 가르쳤고, 그는 영국식 교육을 받았다. 그의 동기생들은 유명한 기업인이 되었고, 장관과 총리가 되었다. 심지어 국왕이 되었다. 매력적인 영화배우가 된 선배도 있었다. 그는 영화와 소설을 좋아했다. 일요일 오후 BBC 방송을 통해 흘러나오는 클래식 음악을 즐기는 소년이었다. 1951년 가을, 그는 미국을 만났다. 미국 마운트 허먼 스쿨의 160여명의 학생들 중에서 항상 1등이거나 2등이었다. 프린스턴 대학은 문학, 음악, 철학에 빠진 에드워드를 만들었고, 하버드의 대학원은 에드워드에게 학위를 주었다. 1963년 가을 뉴욕, 컬럼비아 대학은 에드워드에게 교수라는 직함을 주었다. 선배 교수들은 '우리 문화'(영미문학)를 연구하는 앞날이 창창한 젊은 학자로 받아들였다.

1935년 예루살렘, 사이드가 태어났다. 그의 어머니는 나사렛 출신의 팔레스타인 사람이었다. 그의 아버지는 예루살렘 출신의 팔레스타인 사람이었다. 갈릴리 호숫가를 뛰어놀던 아랍소년들 중에는 사이드도 있었다. 1948년, 사이드는 그의 가족과 함께 난민이 되었다. 이스라엘의 건국은 그를 이집트로 떠나는 팔레스타인 난민의 대열 속에 줄세워 놓았다. 사이드와 그의 가족은 이집트인에게 아랍 동포이기 이전에 '샤미'라 불리우는 외국인이었다. 사이드는 그렇게 성장했다. 빅토리아 고등학교는 그에게 문제아라는 딱지를 붙였다. 1951년 봄, 빅토리아 고등학교는 그를 퇴학시켰다. 그해 가을, 사이드는 미국 매사추세츠 북서부의 골짜기의 한 학교로 떠났다. 그의 성적은 탁월했다. 그러나 그는 수석 졸업생도 차석 졸업생의 영예도 누릴 수 없었다. 그의 이름은 사이드였고, 사이드는 아랍 이름이었다. 그는 프린스턴과 하버드에서 공부했다. 1963년 가을, 그는 뉴욕으로 떠났다. 그는 알렉산드리아 출신의 유대인으로 소개되었다. 컬럼비아 대학의 교수 생활이 시작되었다.

‘에드워드와 사이드’라는 제목으로 소개한 위의 글을 여러분이 어떻게 이해했는지 모르겠습니다. 얼핏 위의 글이 의도한 바를 눈치 챈 학생도 있겠지만, 위에 서술한 두 개의 이름 에드워드와 사이드는 에드워드 사이드(Edward Said)라는 한 인물이 걸어온 빛의 세계와 어둠의 세계를 보여줍니다. 에드워드 사이드는 서로 맞물릴 수 없는 두

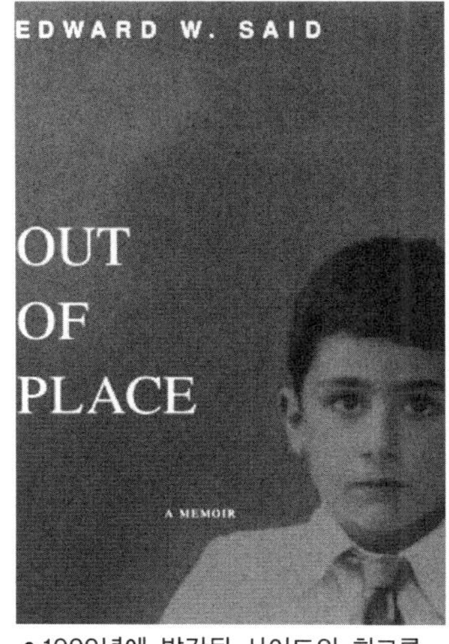

• 1999년에 발간된 사이드의 회고록

개의 세계가 함께 머물고 있는 이름입니다. 동과 서가 공존하

는 묘한 그 이름은 에드워드 사이드에게 언제나 실존적 문제의 출발 지점이라 할 수 있습니다. 에드워드 사이드는 자신의 회고록 첫머리에 다음과 같은 고백을 서술하고 있습니다.

> "아랍계 이름인 '사이드'에 억지로 짝지어진 영어식 이름인 '에드워드'에 익숙해지는 데, 아니 좀 더 정확히 말하면 불쾌감을 좀 덜 느끼는 데에는 무려 50년 세월이 걸렸다……. 수년 동안 나는 그때그때 상황에 따라 '에드워드'를 우물우물 건너뛰고 '사이드'를 강조하거나, '에드워드'를 강조하고'사이드'를 대충 우물거리거나, 어느 것도 분명히 들리지 않도록 두 이름을 빠르게 이어 발음하곤 했다. ……내 이름을 들으면 누구나 의심을 품었고, 따라서 내가 거짓말을 하는 게 아니냐는 반응을 보였다. 에드워드? 사이드?"

그런데 문제는 이름만으로 끝나지 않습니다.

> "더 복잡한 문제는, 아랍어와 영어가 뒤얽혀 있다는 점이었다. 나는 어느 것이 진짜 모국어인지 알 수 없었고 어느 쪽을 사용해도 완벽하게 편하지 않았다. 두 언어로 꿈을 꾸기는 했지만, 영어로 이야기를 할 때면 항상 그 속에서 아랍어가 반향하고 있었고, 그 반대의 경우도 마찬가지였다."

에드워드 사이드에게서 두 개의 세계가 공존하는 자신의 정체성은 항상 물음의 대상이었습니다. 이러한 물음은 1967년 흔히 '6일 전쟁'이라고 부르는 아랍-이스라엘 전쟁이 터지면서 새로운 에드워드 사이드를 불러내게 됩니다. 오리엔탈리즘의 저자로서, 탈식민주의 연구 기반을 닦은 인물로서, 행동하는 지식인이라는 얼굴을 가진 에드워드 사이드의 목소리가 처음으로 나타나는 시기라고 할 수 있습니다.

당시 사이드가 접한 미국언론과 대중은 이스라엘에 거의 전적인 지지를 보냅니다. 반면 아랍과 팔레스타인에 대해서는 경멸과 조소만이 넘쳐나는 것을 목격하게 됩니다. 그는 더 이상 두 개의 정체성을 유지할 수 없는 상황으로 내몰리게 됩니다. 존경받고 촉망받는 학자가 순식간에 팔레스타인, 아랍, 동양이라는 타이틀 아래서 조명받는 것을 받아들인다는 것은 쉽지 않은 일입니다.

> "그때까지만 해도 나는 특정 텍스트나 주제에 대해서만 글쓰기에 나섰다. 시나 소설의 주제와 내용을 산문체 글의 주제로 다루었던 게 고작이었다. 그러나 지금 내가 관심을 가지는 것은 하나의 주제가 어떻게 구성되고, 하나의 언어가 어떻게 형성되는가의 문제다."

이러한 그의 생각은 이후, 『오리엔탈리즘(Orientalism)』(1978),

『문화와 제국주의(Culture and Imperialism)』(1993), 그리고 팔레스타인과 이슬람 세계에 대한 저술활동 등을 통해 나타납니다. 그 책들은 서구 사회의 대중들에게 지금까지 은폐되었거나 논의의 공간으로 나타나지 못한 것들을 드러내려는 시도라고 할 수 있습니다. 오랫동안 단순한 사실로만 생각했던 동양(Orient)에 대해 말하면서, 멀리 떨어져 가까이 다가갈 수 없는 세계, 즉 서구사회가 스스로를 그 반대편에 존재하고 있다고 정의한 그 세계에 대한 오랜 망상을 밝히고자 하는 시도입니다.

모든 이론은 특정한 역사적 맥락에서 특정한 이유로 특정한 곳에 나타나게 된다는 것이 그의 생각이라고 할 수 있습니다. 그의 글쓰기는 에드워드와 사이드가 만나고 동양과 서양이 부딪히고 식민지와 제국주의가 교차하는 자신의 세계를 그대로 드러내는 작업이라고 할 수 있습니다.

강의실에서 만나겠습니다.

강의실에서……─'오리엔탈리즘'과 '북한학'

"탈식민주의의 세 얼굴" 두 번째 시간입니다. 오늘 여러분들이 맞이할 인물은 에드워드 사이드입니다. 아마도 여러분들은 '탈식민주의' 혹은 '포스트콜리니얼리즘'이라는 명칭에 대해서 낯설지 모르겠지만, '오리엔탈리즘'이라는 개념은 여기

저기서 마주쳤을 것이라고 여겨집니다. 또 한편 이후에 강의실에서 그 이름을 몇 번씩 되새김질 할 호미 바바, 가야트리 스피박이라는 걸출한 탈식민주의 학자들의 낯선 이름을 생각한다면, 에드워드 사이드라는 이름은 조금은 익숙하지 않을까 여겨집니다. 자! 그러면 오늘의 이야기를 열어보겠습니다.

여러분! 오리엔탈리즘이란 말에서 어떤 것들이 연상됩니까?

석현은 탈 선생이 끌어낸 오리엔탈리즘이라는 개념을 노트 위에 쏟아 부었다. Orientalism? 항상 그렇듯이, 이름은 그것이 호명되는 순간, 옴짝달싹할 수 없는 운명의 길을 걷는 법이다.

여기저기서 이런 저런 단어들이 여러 학생들의 목소리로 흘러나왔고, 탈 선생은 칠판위에 쏟아진 단어들을 하나하나 옮겼다.

'신입생 오리엔테이션', '오리엔트 시계', '오리엔트 문명', 'Oriental Express Chanho Park'

여기 여러 학생의 목소리로 칠판을 장악하고 있는 단어들은 모두 오리엔탈리즘의 어원과 연결된 말들이라고 할 수 있습니다. 어원상으로 오리엔탈리즘은 Orient에서 기원한 말입니다. 오리엔트란 라틴어 oriens에 해당되는 말로서 '해가 뜨는 방향'이란 뜻에서 발전하여 '동방' 또는 '동양'(the East)을 의

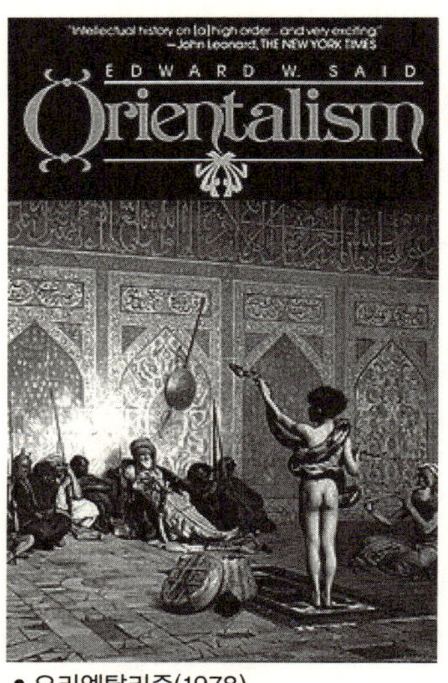

● 오리엔탈리즘(1978)

미하게 되었습니다. '지금 몇 시인가?'라고 시간을 묻는 것은 달리 말하면, '지금 태양은 하늘 위에 어디 쯤 있는가?'라는 말이라고 할 수 있을 것입니다. 따라서 오리엔트라는 이름의 시계는 그 의미를 새겨 놓은 훌륭한 브랜드 네임이라고 할 수 있을 것입니다.

또 한편 불과 며칠 전까지 캠퍼스를 뜀박질하던 여러분들의 기억에 남아 있는, 흔히 **OT**라고 부르는 신입생 오리엔테이션 또한 '앞으로 대학에서 보낼 시간을 어떻게 보내야 할 것인가?'에 대한 '방향설정'이란 의미로 확장된 단어라고 할 수 있을 것입니다. 오리엔트 문명과 동양특급 박찬호라는 명칭은 이러한 의미들이 구체화되어서 오늘 주제로 함께 생각할 오리엔탈리즘이 지닌 함축적 의미들을 드러낼 수 있을 것입니다. 이렇게 한번 물어봅시다. "왜 굳이 '동양'최다승 투수 박찬호라는 타이틀이 필요할까요?" 자, 이런 생각들을 에드워드 사이드는 어떻게 설명하고 있을까요? 이런 물음들을 가지고 강의를 시작해보기로 하겠습니다.

탈 선생은 에드워드 사이드의 두툼한 책을 펼쳐 들고 오리엔탈리즘에 대한 개념을 설명하는 것으로 강의를 시작했다.

에드워드 사이드는 1978년 저술한 오리엔탈리즘(Orientalism)의 서문에서 오리엔탈리즘은 크게 세 가지 의미를 가진다고 설명합니다.

첫 번째로 동양에 관한 학술적 연구, 교육, 저술 활동 등을 지칭합니다. 동양연구, 동양지역연구 등이 이런 경향이라고 할 수 있을 것입니다. 한국학, 일본학, 중국학… 이런 방식의 연구 분과가 있듯이 '동양에 관한 학'이라고 할 수 있을 것입니다. 곧, 동양을 가르치고 동양에 관해 글을 쓰고 연구하는 모든 학자는 오리엔탈리스트이며 그들이 수행하는 것은 모두 오리엔탈리즘이라고 할 수 있습니다.

두 번째 의미는 좀 더 일반적인 것으로 동양과 서양에 관한 "존재론적 인식론적 구분에 기초한 사고방식"을 나타낸다고 할 수 있습니다. 즉 동양과 서양은 어떻게 다른가? 그리고 그 차이에 따라서 서구인의 입장에서 동양을 바라보는 생각의 태도 방식이라고 말할 수 있습니다. 이렇게 되면 오리엔탈리즘이라는 의미는 좀더 확장됩니다. 시인, 소설가, 철학자, 정치학자, 경제학자, 제국행정가 등이 이런 뜻의 오리엔탈리즘에 포괄될 수 있습니다.

세 번째 의미는 앞의 두 의미보다 좀 더 구체적이고 실천적 활동이라고 할 수 있을 것입니다. 동양을 서양이 의도하는 바에 따라 다루기 위해 활용하는 모든 제도적 장치를 통칭한 다고 할 수 있습니다. 18세기 후반부터 유럽의 식민지 팽창이 본격적으로 진행되고 이 과정에서 하나하나 쌓여가는 여러 분야의 지식과 정보를 바탕으로 오리엔탈리즘은 제국의 권력과 결탁하여 보다 체계적이고 제도화된 담론으로 발전해가는 것입니다.

석현은 도무지 알 수 없는 탈 선생의 입으로 전달되는 에드워드 사이드의 딱딱한 말들 앞에 주저앉았다. 도대체 무슨 소리인가?

뭔가, 좀 딱딱한 교설을 풀어 놓은듯하지만, 그렇게 어려운 문제는 아닙니다. 이런 가정을 한번 해봅시다. 만약, 위의 동양(오리엔트)이라는 개념 대신에, 북한이라는 개념을 대체시켜 한 번 생각해봅시다. 그렇게 대체시켜 생각하면, 서구인들이 오리엔탈리즘(동양학)이라는 개념을 가져온 것처럼 우리도 북한에 대한 북한학이라는 개념을 가져올 수 있을 것입니다. 첫 번째 의미에서 북한학은 북한에 대해서 이런 저런 학술연구 활동이라고 할 수 있을 것입니다. 북한의 역사, 북한의 정치 경제 시스템에 대한 통계 연구를 어떤 방식으로든지 수행할 수 있을 것입니다. 실제로 몇몇 대학에는 북한에 관련한 연구를 중심과제로 수행하고 있는 북한학과가 있습니다. 그리고 오리엔탈리즘의 두 번째 의미를 북한이라는 주제로 풀어본다면, 북한이 아닌 '우리'의 입장에서 북한에 대한 사고방식과 태도 등으로 설명할 수 있을 것입니다. 즉, 우리는 꼭 객관적이라는 단서를 붙인 사회과학적 연구 방식을 동원하지 않고도 북한에 대해서 어떤 입장을 드러내는 많은 생각들을 볼 수 있습니다. 시인이나 소설가의 글을 통해서 등장하기도 하고, 노래 속에서 등장하기도 하고, 각종 미디어를 통해서도 북한에 대한 여러 감정과 태도를 드러낼 수 있습니다. 그리고 마지막으로 오리엔탈리즘의 세 번째 의미를 북한에 적용시켜 견주어 본다면, 구체적인 정책적 제도적 문제로 등장할 수 있습니다. 즉, 앞서 북한에 대한 연구활동과 북한에 대한 우리의 사고방식은 한 국가적 차원에서 구체적인 제도적 형식으로 등장합니다. 이는 여러 대내외적인 법률이라든가, 아니면 교류정책 등을 통해서 드러나게 됩니다.

우리가 북한에 대해서 어떤 입장을 가지고 설명할 수 있는 것과 마찬가지로, 서구인들에게 동양 그리고 오리엔탈리즘이라는 것도 이러한 지적활동과 사고방식이 제도적 형식과 이런 저런 방식으로 결합되었다고 할 수 있을 것입니다.

이러한 세 가지 의미는 서로 교차 확장되면서, 지식과 권력의 관계를 단적으로 보여줍니다. 곧 서양이 동양에 대한 앎을 축적하는 과정은 서양이 동양에 힘을 행사하는 과정이라고 할 수 있습니다. 그러한 동양에 대한 지식의 실천과정을 오리엔탈리즘이라고 부를 수 있을 것입니다.

사이드가 오리엔탈리즘을 이렇게 규정하면서 이야기하고자 한 것은 무엇일까요? 다름 아니라, 서양이 동양에 대해서 쌓아놓은 지식은 오랜 시간에 걸쳐 아주 견고하게 구축된 동양에 대한 진리를 담고 있는 듯하지만, 결국 그 모든 것은 착각이라는 것을 폭로하는 것입니다.

타잔, 007, 로빈슨 크루소

자, 그러면, 여기서 사이드의 책에 등장하는 동양에 대한 편견과 오만으로 가득 찬 서구인의 목소리를 한번 낭독해보겠습니다.

"유럽인이 타고난 논리학자라면, 동양인은 정확성을 결여하고 있다. 둔감하고 의심이 많으며 상습적인 거짓말쟁이인 동양인의 심성은 앵글로색슨 인종의 명석함, 솔직함, 고귀함과 대조된다. 비합리적이고 열등하며 유치한 동양인은 합리적이고 도덕적이며 성숙한 정상적 유럽인에 비하여 비정상적이다."

여기 이 강의실을 메우고 있는 '동양인' 학생 여러분 어떻게 생각하십니까? 동의하십니까?

아마도, 여기서 이 용감한(?) 발언에 동의하는 분은 없을 것이라고 믿습니다.

그렇다면, 여기 유럽인의 위치에 밀림의 왕자 '타잔'을 넣어보겠습니다. 그리고 동양인의 자리에 타잔을 위협하는 미개한 아프리카 '원주민'을 넣어보겠습니다. 아… 타잔을 모르신다고요? 그렇다면, '인디아나 존스'는 어떻습니까? 아니면, '007 제임스 본드'는 어떻습니까?

여러분이 품고 있던 어린 시절의 감성을 한번 떠올려보세요. 우리가 열렬히 응원했던 그 많은 영화 속의 주인공들을 한번 생각해보세요. 그들이 가지고 있던 명석함과 솔직함 그리고 고귀함의 품성을 떠올려보기 바랍니다. 그리고 그 주인공들을 괴롭히던 무지하고, 거짓말쟁이며, 비합리적인 미성숙한 품성의 소유자들을 한번 떠올려보기 바랍니다. 우리가 아는 그 무수한 영화와 소설 속에서 서구유럽인과 동양인의 위치는 19세기 유럽인의 목소리를 그대로 유지하고 있습니다.

단순히 영화 속에서만 머물고 있을까요? 많은 경우 여러분들이 가장 먼저 떠올리는 아랍인의 이미지는 험악한 수염과 복면을 한 채 AK47 소총을 들고 있는 테러리스트의 이미지들입니다.

탈 선생은 계속해서 이야기를 엮어갔다.

여러분, 아마도 로빈슨 크루소를 모르는 학생은 없을 것이라고 생각합니다. 다니엘 디포의 원작소설을 읽지 않았다고 하더라도 로빈슨 크루소는 무인도 표류기라는 아주 흔한 형식의 전형으로 여겨지고, 대략적인 내용들은 익히 알고 있을 것이라고 여겨집니다. 28년 동안 무인도에서 견뎌내고 영국으로 돌아온다는 내용입니다. 특유의 창의성과 성실성으로 막막한 표류자의 상황을 개척해낸다는 근대적 인간의 모범이자 상징이라고 할 수 있는 인물입니다. 그러나 로빈슨 역시 위에 주어진 '용감무쌍(?)'한 유럽인의 발언 속으로 삽입될 수 있는 맥락을 가지고 있습니다.

> "나는 이 아름다운 계곡을 얼마쯤 답사하면서 조사를 하는 중에, 이 모든 것이 내 것이며, 나는 틀림없이 이 모든 지경의 왕이자, 주인이며, 소유권을 갖고 있다고 생각하자 은근한 쾌감이 솟았다"

여러분! 로빈슨의 이 '은근한 쾌감'을 어떻게 해석할 수 있을까요? 한때 우리가 배웠던 세계사 교과서에는 '지리상의 발견'이라는 항목이 있었습니다. 바스코 다가마, 콜럼버스, 아메리고 베스푸치, 마젤란, 쿡 선장에 이르기까지 서구 유럽인들

이 '미개한 원주민'들만 살고 있는 이름없는 섬들과 대륙을 찾아 헤매던 시대를 지칭하는 용어였습니다. 그들에게 유럽인이 없는 땅은 어쩌면 모두 무인도라고 할 수 있을 것입니다.

아… 그리고 로빈슨 크루소에는 또 다른 등장인물이 있습니다. 혹시 기억나십니까? '프라이데이!' 기억나시죠? 다른 부족에게 잡아먹힐 뻔했지만, 로빈슨으로부터 '구원'받아 로빈슨의 '충성스러운 하인'으로 거듭난 인물! "마침내 바짝 다가온 그는 다시 무릎을 꿇고 땅에 입을 맞추더니 머리를 땅에 조아렸다. 그리고 내 발을 잡더니 자기 머리 위로 얹었다. 이것은 아마 영원히 내 노예가 되겠다는 맹세의 표시인 모양이었다."

여러분! '로빈슨 크루소'와 '프라이데이'뭔가 보입니까?

석현은 혼자말로 중얼거렸다. '지배이데올로기!'

자, 한번 생각해봅시다! 이러한 편견과 착각을 만들어낸 이데올로기는 어디에서 비롯되었을까요?

사이드는 이를 가능하게 한 것은 서구제국의 권력이라고 지목하고 있습니다. 아니 좀 더 구체적으로 주목하자면, 식민지 경영의 효율성을 위한 것이라고 할 수 있습니다. 최신식 무기와 잘 훈련된 군대만으로 식민지를 지배할 수 있겠습니까? 전쟁에서의 승리를 쟁취할 수 있을 수는 있지만 점령지역을 통치하고 관리하기 위해서는 또 다른 시스템이 필요합니다. 일단 여러 행정조직이 필요할 것입니다. 그리고 효율적인 조세 시스템도 필요할 것입니다. 그러나 이것만으로 식민지를 경영할 수 있을까요? 일정한 시기동안의 점령과 통치는 가능하지만 이런 방식으로 식민지를 유지하는 것은 너무나 많은 비용이 소모됩니다.

멀리 생각할 필요도 없습니다. 9·11 테러 이후 '테러와의 전쟁'이라는 이름으로 이라크와 아프카니스탄 등에서 벌이고 있는 미국의 상황만 생각해도 어렵지 않은 이야기입니다. 어떤 방식이든 전쟁을 끝내고, 이라크와 아프카니스탄의 기존 정권을 무너뜨리기는 했지만 전쟁비용으로 소모되는 엄청난 경비에도 불구하고 완전한 평화(?)를 회복했다고 말하기는 힘든 것이 현실입니다. 오히려 엄청난 재정적자와 자국의 악화된 경제 상황이 부메랑으로 돌아오고 있을 뿐입니다.

하여튼, 생각을 계속 밀고 나갑시다. 자, 그러면 어떤 방식으로 식민지를 경영하는 것이 효율적일까요?

탈 선생은 잠시 숨을 돌리면서 칠판 앞으로 다가선다.

'프라이데이'

그들을 프라이데이로 만드는 것입니다. 그들을 충성스러운 하인으로 만드는 것입니다. 제국에 대해서 자발적으로 복종하는 식민지인을 만들어내는 것입니다.

이렇게 식민지인을 자발적으로 복종시키기 위해서 동원된 시스템은 총과 칼이 아니었습니다. 돈을 던져준 것도 아닙니다. '문명'이라는 이름으로 '계몽'이라는 이름으로 제국의 문화적 헤게모니에 종속되게 만드는 것입니다.

아프리카에서 구전으로 돌아다니는 이야기 한 토막을 끝으로 잠시 휴식하겠습니다.

> "그 백인이 우리 마을에 왔을 때 그는 성경을 가지고 있었고, 우리는 땅이 있었다. 그 백인은 우리에게 '기도합시다'라고 말했다. 그 기도 후에, 그 백인은 땅을 갖게 되었고 우리는 성경을 갖게 되었다."

'그 때 그 사람'들의 목소리 – 식민지 조선의 오리엔탈리스트

석현이 커피 한잔을 들이키는 사이에 강의실에는 빔프로젝트의 램프가 깜빡이고, 칠판 앞으로 스크린이 내려져 있었다. 영화라도 보는 것인가? 이런 저런 생각들이 머리 속을 지나간다. '기도합시다'라는 백인의 말을 떠올리면서, 구한말 프랑스 선교사들의 이미지가 지나갔다. 병인양요를 떠올렸고 프랑스에서 돌아온 외규장각 도서를 떠올렸다. 그냥 그런 생각들이 지나갔다.

탈 선생이 강의실로 들어온다.

자, 여기서 시선을 잠시 한국의 상황으로 한번 돌려보기로 합시다. 그리고 한국의 20세기로 한번 가보기로 합시다. 탈식민주의라는 이 주제는 결국 우리 자신의 이야기이기도 합니다. 식민지시대를 경험했고, 아직까지도 '친일논쟁'이 현재진행형으로 계속 이어지고 있습니다. 한국은 다른 제3세계 국가와는 좀 다른 식민경험을 가지고 있습니다. 프랑스 네덜란드 영국 등의 서구 제국이 인도차이나 인도네시아 미얀마 인도 등의 가까운 아시아 지역에 영향력을 확장하고 식민지 경영을 했는 것과는 대조적으로 한반도는 서양인이 아닌 같은 동양의 한 나라인 일본에 의해서 식민지배를 당했습니다.

곧, 우리가 탈식민주의와 오리엔탈리즘이라는 주제에 대해서 생각할 때, 한국의 구체적 상황에 접목시킬 때 직접적으로 유럽의 식민제국을 바로 떠올리지는 못합니다. 그래서 한국은 좀 더 복잡한 물음을 스스로에게 던져야 하는 상황일지 모르겠습니다. 그러나 1차적으로 주어진 식민지 상황과는 또 다른 방식으로 서양이 동양에 가한 문화적 헤게모니에 바로 포섭되는 상황일 수도 있다는 점을 염두해야 할 것입니다. '탈아입구'라는 구호가 상징하듯이 19세기 개항 이후 줄곧 유럽을 모델로 아시아를 벗어나기 위해 내달린 일본에게 오리엔탈리즘과 식민지배논리는 이중적입니다. 여기에 2차 세계대전 이후 미국의 실질적 영향력 아래서 작동한 남한의 상황은 또 다시 복잡한 물음들을 던지게 합니다.

좀 복잡한 퍼즐입니다. 이러한 물음을 일단 제쳐두고, 지금 이 시간에 여러분에게 소개할 이야기들은 구한말과 식민지 시대에 걸쳐 조선의 지식인들의 말과 글 속에서 등장하는 소리입니다.

지금부터 스크린을 통해 등장할 주인공들은 우리가 중고등학교 교실에서 국사 선생님이나 국어 선생님을 통해 한번쯤은 들어보았을 법한 조선의 명망가들이라고 할 수 있습니다. 이들이 내뱉는 말들을 우리는 어떻게 이해하야 할지 한번 생각해보기로 합시다. 어쩌면 지금까지 우리 한국인의 몸과 맘 속에 또아리 틀고 있는 오리엔탈리즘의 흔적을 담아놓은 목소리들이라고 할 수 있을 것입니다. 시작해보겠습니다.

● 윤치호(1865~1945)

강의실의 조명이 어두워지고, 비장한 음악이 살짝 깔린다.'나는 지식인이다!'라고 선언하는 듯한 안경을 걸친 한 인물의 슬라이드가 지나가고 카랑카랑한 성우의 목소리가 강의실에 울려 퍼진다.

"우월하지 못한 천질(자질)을 가진데다 끝까지 자기 손으로 개량을 하지 못한 인종/민족은 당연히 남에 의해서 식민화 내지 축출, 멸종 또는 일상적 차별을 당한다. 개량을 못한 약자에 대한 이와 같은 폭력은 자연의 법칙을 따르는 일일 뿐이다. 영국과 같은 개량된 문명이 인도와 같은 개량되지 못한 야만국을 정복하여 문명화시킨 것을 옳고 진보적인 일일뿐이다."(윤치호)

성우의 목소리가 멈추고, 탈 선생이 이 목소리를 받아 설명을 이어간다.

윤치호라는 인물은 구한말에 서재필에 이어 독립신문의 2대 사장을 역임했고, 105인 사건 등으로 일제에 의해 투옥되기도 했던 인물이지만, 이후에 전향해서 친일파라는 딱지를 붙이고 있는 인물입니다. '조선인 최초의 영어 통역사'라는 타이틀을 가지고 있을 정도로 서구 문명을 일찍 접할 수 있었던 인물입니다. 어떻습니까? 윤치호의 목소리는 제국주의의 식민지 사업을 문명화라는 이름으로 호칭하고 있습니다. 인도와 마찬가지의 길을 걸은 식민지 조선의 지식인에게 도대체 무슨 일이 있었던 것일까요?

다음 인물은 여러분들이 익히 잘 알고 있는 서재필입니다.

슬라이드가 다시 넘어가고 성우의 목소리가 이어진다.

"흑인들은 가죽이 검으며, 털이 양의 털같이 곱슬곱슬하며, 턱을 내밀며 코가 납작한 고로, 동양인종들보다도 미련하고 흰 인종보다도 매우 천한지라… 백인종은 오늘날 세계 인종 중에서 가장 영민하고 부지런하고 담대한 고로 온 천하 각국에

● 서재필(1864~1951)

모두 퍼져 하등 인종들을 이기고 토지와 초목을 차지하는 고로, 하등 인종 중에 백인종과 섞여 백인종의 학문과 풍속을 배워 그 사람들과 같이 문명진보에 따라 차차 멸종이 되어야 한다.”(서재필)

다시 슬라이드가 멈추고, 탈 선생이 말을 이어간다.

지금 흘러나간 목소리는 서재필이 독립신문에 기고한 글에 등장한 내용입니다. 서재필은 앞서 윤치호가 한 발언보다 한 발 더 나아갑니다. ‘멸종되어야 한다’ 무시무시하지 않습니까? 윤치호와 서재필은 미국에서 누구보다 먼저 인종차별의 경험을 당한 사람들입니다. 그럼에도 불구하고 그들은 위의 발언들을 서슴없이 하고 있습니다. 이런 아이러니를 어떻게 받아들여야 하겠습니까?

계속해서 다음 인물은 근대 최초의 서양소개서라고 알려진 유길준의 서유견문에 실려 있는 내용입니다.

다시 슬라이드가 돌아가고 양복 정장을 한 인물이 등장하고 성우의 목소리가 이어진다.

“북아메리카 주의 인디언은 여러 세대의 게으른 종족의 타락으로, 학습하는 성질과 힘이 쇠진하여 합중국의

백인종이 학교를 세워도 그것을 제
대로 졸업하는 자가 없고 대부분이 교
사를 피해서 엽총을 들고 산림으로 돌
아가 야만적인 생활을 함으로써 그 멸
종의 원인을 제공하고 있다."(유길준)

새로운 슬라이드가 돌아가고 새로운
인물이 등장할 때마다 탈 선생의 음성
은 점점 더 높아진다.

● 유길준(1856~1914)

여러분 어떻습니까? 이 단어들을 한번 다시 들여다봅시다.
'게으른', '타락', '야만적' 여러분 유길준이 스케치하고 있는
아메리카 인디언에 대한 이러한 수식어들 뭔가 좀 익숙하지
않습니까? 너무나도 전형적인 오리엔탈리스트의 목소리 아닙
니까?

슬라이드가 다시 돌아가고 성우의 목소리가 바뀌었다. 낭
낭한 여성의 목소리다. 앞선 슬라이드와 달리 몇 편의 그림이
흘러가고, 한 여인이 등장한다.

"구미 여자는 대체에 있어서 동양 여자에 비하여 색이
희고 키가 크고 코가 높고 눈이 깊으며 그 행동은 분명하

고 진취성이 많으며 행동이 많고 상식이 풍부하며 매사에 총명하다…. 동양 남성은 딱딱하고 거친 반면에 서양 남성은 부드럽고 친절하다. 동양 여성은 의지가 박약한 반대로 서양 여성은 의지가 강하다. 동양 남성이나 여성은 몰상식한 반대로 서양 남성이나 여성은 상식이 풍부하다.”(나혜석)

● 나혜석(1896~1948)의 자화상

지금 등장한 이 미모의 여성은 나혜석입니다. 한국 최초의 여성 서양화가로 알려진 ‘모던걸’, ‘신여성’의 상징적 인물입니다. 나혜석이 묘사하고 있는 서양인과 동양인의 품성은 더 이상 이야기할 필요조차 없습니다. 부드럽고 친절한 서양 남성과 거칠고 몰상식한 동양 남성….

강의실은 다시 밝아지고, 스크린은 강의실 벽면위로 사라진다. 빔프로젝트의 램프만 천천히 흐릿해지면서 탈 선생의 말은 계속 이어진다.

여러분! 지금 여러분들의 눈앞에서 나타났던 윤치호, 서재필, 유길준, 나혜석과 같은 한말과 일제강점기 지식인의 머리 속을 꽉 채우고 있는 생각들은 어디에서 비롯한 것이라고 생각합니까? 그들이 못배우고 비이성적이라서 서구인들이 주입한 편견과 착각을 공유한 것이라고 생각하십니까? 설마, 그렇게 생각할 학생은 여기 아무도 없을 것이라고 생각합니다. 당대의 어느 누구보다 먼저 바깥 세상을 보았고, 당대의 어느 누구보다 뒤처지지 않게 배웠다는 이른바 식민지 조선의 지식인들입니다.

여기 이 조선의 지식인들과 여기 이 강의실을 메우고 있는 많은 학생들에게 그리고 이렇게 여러분 앞에 서 있는 저와 같은 가르치는 사람을 향해 에드워드 사이드는 이런 말을 남겼는지도 모르겠습니다.

"가르치는 사람으로서 가장 어려운 일은 학생들에게 한 주제에 대하여 내가 아는 모든 것을 전달해주고 그것을 최대한 자세히 풀어서 설명해준 다음, 학생들로 하여금 그에 대해 뭔가 부족하다는 느낌을 갖게 하거나 최소한 그에 대해 의심하도록 하는 일이다. 학생들은 교사들의 권위 때문에 교사가 말하는 내용을 그대로 믿기 쉽다. 따라서 교사들은 학생들로 하여금 교사가 말한 것에 대해 회의하고 스스로 또 다른 해답을 찾도록 해야 한다.

무조건 거부하는 것과는 전혀 다른 의미로서, 회의를 갖는 것은 심연을 건너기 위한 다리를 만드는 작업의 첫걸음인 셈이다. 만일 학생들로 하여금 회의를 갖도록 할 수 없다면, 교사는 학생들을 결국 지식과 도덕에 예속되는 노예로 만드는 셈이다. 진정한 교육이란 권위자들이 말하는 것을 아무 여과 없이 받아들이는 것이 아니라 스스로 의심하고 배움으로써 이루어지는 것이기 때문이다.”

오늘 강의는 여기서 그만…

탈 선생의 강의가 끝났다. 에드워드 사이드가 석현에게 왔다. 석현은 에드워드 사이드의 목소리를 주섬주섬 담는다. 그리고 작은 혼자말을 내뱉는다. ‘지식과 도덕의 노예, 이석현!’ 나는 노예에 불과했는가? 내가 노예였다면, 나의 주인은 누구였는가? 지식과 도덕! 계속되는 되물음을 어떻게 벗어날 수 있을까? 휘청거린다. 나를 지탱하고 있는 주인의 얼굴을 보고 싶다.

오리엔탈리즘 넘어서기

‘에드워드 사이드’, ‘오리엔탈리즘’, ‘탈식민주의’, ‘팔레스타인’, ‘이스라엘’, ‘시오니즘’……

석현은 에드워드 사이드의 주변을 장악하고 있는 키워드를 두드린다. 인터넷에 등장하는 사이드의 사진은 어떤 의도를 담고 있는 사 
진인가에 상관없이 ‘망명 지식인’의 초상을 담고 있다. 안경 너머로 지긋이 세상 너머를 지켜보는 그의 눈 너머에는 팔레스타인의 미래도 숨어 있는듯 하며, 지휘자 다니엘 바렌보임과 함께 한 사진에는 한 때 피아니스트를 꿈꾸었다는 감성어린 예술가의 초상도 얼핏 스친다. 이런 저런 글과 그의 이미지 모음들을 이렇게 저렇게 흘려보던 석현의 눈에 다른 사진과는 확연히 구별되는 사진이 화면을 장악한다.

‘이스라엘 병사를 향해 돌을 던지는 에드워드 사이드’

사진 속의 에드워드 사이드는 이스라엘 국경 너머로 팔레스타인 사람들과 함께 돌을 던지고 있다. 그 사진 밑에는 이런 저런 설명과 함께 많은 논란을 불러일으킨 사진이라는 몇

몇 주석이 있다. 석현은 생각한다. 그것이 그의 저항의 방식일까? 오리엔탈리즘을 넘어서기 위해 그는 어떤 저항을 채택하는 것일까? 석현은 탈 선생의 지난 강의를 맺는 물음을 다시 돌이킨다. '지식과 도덕의 노예'라는 되물음을 놓고 싶지 않다. 자신의 세계를 장악하고 있는 세상에 대한 회의를 어떤 방식으로든 이어가고 싶다. 자신의 눈으로 세상을 바라보기 위해서 무엇을 어떻게 해야 한다는 것인가?

오르락 내리락거리는 그의 생각의 틈새로 '새글 알림'이라는 메신저 알림이 떠올랐다. 탈 선생의 블로그에 새로운 글이 올라왔다.

'오리엔탈리즘을 넘어서기 위하여….'

여러분 지난 강의시간을 마무리하면서 낭독했던 사이드의 목소리를 어떻게 받아들였는지 잘 모르겠군요. 그의 목소리는 가르침과 배움에 대한 하나의 시사점을 내뱉어내는 것이기도 하지만, 또 한편으로는 그가 오리엔탈리즘에 접근하고, 오리엔탈리즘을 논하고, 오리엔탈리즘을 어떻게 벗어날 수 있는가를 이야기하기 위한 많은 단서들도 품고 있다고 생각할 수도 있습니다. 강의실에서 마저 채워놓지 못한 이야기를 이 공간을 통해 던져 볼까 생각합니다.

앞선 강의에서 밝힌 바와 같이 에드워드 사이드가 <오리엔

탈리즘>을 통해 드러내고자 한 것은 서구의 시선으로 관찰된 동양은 철저히 왜곡되었으며, 그들만의 시선에 불과하다는 것을 폭로하고자 한 것이라고 전한 바 있습니다.

좋습니다. 그러면 여기서 이런 가정을 해 봅시다. 사이드가 오리엔탈리즘을 통해서 폭로한 서구의 논리를 간파한 이들이 이렇게 선언하는 것입니다. "너희들 말은 다 거짓말이야… 우린 너희가 진리라고 내뱉은 우리 이야기가 허구라는 것을 깨달았어… 이제 우리가 우리를 이야기할거야… 제국주의자들! 오리엔탈리스트들! 너희와는 이제 상종하지 않을거야!" 이렇게 선언한다면, 그 모든 역사가 전복되고, 우리의 진리를 드러낼 수 있고 이제부터 우리의 길을 걸을 수 있다고 선언할 수 있을까요?

결론부터 말하자면, 사이드는 단순한 폭로와 깨달음만을 요구하는 것이 아닙니다. 오리엔탈리즘을 통해서 폭로하는 것은 동양에 대한 서구인의 왜곡과 편견의 시선을 폭로하는 것에서 멈추지 않고, 지금까지 보편적이며 객관적인 진리라고 외쳐온 이성, 계몽, 진보라는 이름을 달고 있는 서구 근대성의 담론 자체에 대해서 문제제기 하는 것입니다. 일단, 다음 인용문으로부터 이야기를 시작해봅시다. 이 글은 에드워드 사이드가 자신의 연구방법의 한 축으로 삼고 있는 프랑스 철학자 미셸푸코의 <말과 사물>이라는 저작의 서문에서 등장하는 내용입니다.

　"동물은 다음과 같이 분류된다. (a)황제에 속하는 동물, (b)향료로 처리하여 방부 보존된 동물, (c)사육동물, (d)젖을 빠는 돼지, (e)언어, (f)전설상의 동물, (g)주인 없는 개, (h)이 분류에 포함되는 동물, (i)광폭한 동물, (j)셀 수 없는 동물, (k)낙타털과 같이 미세한 모필로 그려질 수 있는 동물, (l)기타, (m)물 주전자를 깨뜨리는 동물, (n)멀리서 볼 때 파리같이 보이는 동물."

　뭔가… 의아하지 않습니까? 우리가 학교에서 배운 익히 알고 있는 '종속과목강문계'라고 외운 린네의 생물 분류체계 속에 등장하는 포유류, 양서류, 파충류… 뭐 이런 형식의 체계와는 완전히 동떨어진 이 분류 시스템을 어떻게 받아들여야 할까요? 아니면, 횟집에서 흔히 보듯이 '양식'과'자연산'이라는 분류와도 다르고, 우리가 알고 있는 어떤 방식의 분류체계에도 포섭하기 어려운 설정이지 않습니까?

　그 어떤 것에 대해서 이름을 붙이고 그것들을 이런 저런 체계로 분류해낼 때, 그 분류의 원칙은 과연 무엇일까요? '정상/비정상', '이성/광기'를 구분할 수 있는 것은 무엇일까요? 푸코는 '보편성'의 이름으로 이런 분류 자체를 당연하게 받아들이는 것에 의문을 표합니다. 이는 또한 '서양/동양'이라는 도식에서도 그대로 드러나는 것입니다. 서양이 동양을 등장시킴으로서 스스로의 위치를 정상과 이성의 위치에 세울 수 있는 것입니다. 문명이란 것은 곧 야만이라는 타자(他者)를 세움으로써 가능합니다. 곧, 우리가 '문명인으로서의 긍지(?)'를 느끼기 위해서는 문명인이 아닌 '/' 오른편의 '야만인'이 있어야 하는 것입니다.

자, 다시 앞의 설명으로 돌아가 보겠습니다. 우리가 오리엔탈리즘이라는 덧씌움을 통해 왜곡과 편견의 '동양'을 정상적인 참된 실재로서의 '동양'으로 되돌릴 수 있다고 할지라도 여전히 '/'의 벽은 존재하는 것입니다. 그래서 사이드는 단순한 저항적 민족주의라고 불리는 또 다른 경계 설정에 대해서 위험신호를 보냅니다. 단순히'양키 고홈!'이라는 구호로 해결할 수 없는 것입니다. 당연히 서양에 대해서 우월한 동양을 강조하는 것 또한 마찬가지라고 할 수 있을 것입니다.

결과적으로 사이드는 '다시 쓰기' '—안으로의 여행'이라는 이름으로, 혹은 '대위법적 독해'라는 이름으로 '/'의 굳건한 벽에 틈새를 벌리거나, 벽을 넘어서서 '/'의 왼편과 오른편을 구분하는 것이 의미 없도록 만들어내는 방식의 저항을 도모하는 것이라고 할 수 있습니다. 이후의 강의에서 우리는 에드워드 사이드 이후 호미 바바, 가야트리 스피박이 전개하는 '양가성', '혼종', '서발턴' 등의 개념 등으로 탈식민주의 이론에 대해서 좀 더 많은 것을 드러낼 수 있을 것이라고 생각합니다.

탈 선생의 글은 여기까지다.

석현은 다시 에드워드 사이드의 돌팔매질을 생각한다.

사이드가 던진 돌은 오리엔탈리즘의 장벽너머에서 여전히 끝나지 않는 비행을 하고 있으리라. 이제 나 이석현의 돌을 던질 시간이 온 거야!

모니터 앞에는 에드워드 사이드가 되새김질하고 있는 성 빅토르 위고의 글이 깜박거리며 흐르고 있다. 석현의 여행이 시작된 것이다.

"자신의 고향에서만 편안함을 느끼는 사람은 여전히 유약한 초심자이다. 모든 대지를 자신의 고향으로 느끼는 자는 이미 강하다. 그러나 전세계를 타향으로 여기는 사람이야말로 완벽한 사람이다. 유약한 영혼은 세계 안의 한곳에 자신의 사랑을 고정시킨다. 강한 사람은 그의 사랑을 모든 곳에서 확장한다. 완벽한 사람은 사랑을 소멸시킨다."

호미 바바와 혼종성

순수성의 신화를 불순함으로 무너뜨리다

등장인물 : 탈 선생(한국 교수), 김소영(한국 학생), 브레
　　　　　드(미국 학생), 산지브(인도 학생), 캐서린(영
　　　　　국 학생)
때 : 탈식민주의 강의 제5교시
곳 : ○○대학교 강의실

　대학 강의실. 무대 중앙에 칠판이 있고 그 앞에 4개의
책상과 의자가 나란히 놓여 있다. 무대 왼쪽에는 높은 교
탁과 마이크가 놓여 있다.

　(탈 선생이 여러 국적의 대학생 4명과 함께 강의실로
들어온다. 그는 이 4명을 준비된 발표자 자리에 앉힌 후,
사회자 자리인 교탁으로 가서 마이크를 잡는다.)

탈 선생 : 여러분, 반갑습니다! (얼굴에 미소를 머금고 고개를 위아래로 끄덕이면서 좌우로 과장되게 움직인다) 아는 사람도 있겠지만, 저는 탈식민주의 전도사로 알려져 있는 탈 선생입니다. 이렇게 많은 학생들이 오늘 수업에 참여해줘서 정말 고맙습니다.

탈식민주의라는 이론, 이 이론은 제게도 정말 어렵게 다가옵니다. 그렇다 보니, 보다 쉽게 이 이론을 알리기 위해 다각도로 노력을 펼치고 있는 중입니다. 물론 그래도 여전히 어렵다는 말을 많이 듣습니다. 그래서 이번 강의에는 여러분과 똑같은 신분인 대학생들을 모셔 왔답니다. 어때요, 뭔가 기대되지 않습니까?

(시선을 발표자들에게로 돌리며) 자, 여기 앞에 앉아 있는 4명은 여러분과 같은 대학생입니다. 어제 서울에서 <문학을 통해 보는 호미 바바의 혼종성>이라는 주제로 국제대학생세미나가 열렸습니다. 바로 그 행사에 발표자로 참석한 학생들을 제가 이 자리에 모신 겁니다. 어떻게 섭외했는지는 비밀로 할게요. (얕은 웃음소리) 각각 한국, 미국, 인도, 영국 출신입니다. 일단 한 명씩 소개하겠습니다. 큰 박수로 환영해 줍시다.

(한사람씩 가리키며 소개하자, 4명의 학생이 차례대로 일어나 고개를 숙이고 그때마다 박수가 터진다) 먼저 한국 대표로 발표한 김소영입니다. '목마와 숙녀'로 유명한 박인환 시인의 시

를 분석하였습니다. 그 옆은 미국의 브레드입니다. 토니 모리슨의 『빌러브드』라는 소설을 텍스트로 삼았습니다. 오프라 윈프리를 모르는 사람은 없죠? 바로 그녀를 주연으로 하여 영화화되기도 한 소설입니다. 제가 여러분에게 이 영화를 미리 보라고 당부했는데, 이제 그 이유를 알아차렸을 겁니다. 다음은 인도에서 온 산지브입니다. 살만 루시디의 『악마의 시』라는 소설을 통해 아주 신선한 발표를 했습니다. 마지막으로 장래에 소설가를 꿈꾸고 있는 영국의 캐서린입니다. 포스터의 『인도로 가는 길』이라는 소설을 바탕으로 해서 난해하기로 악명 높은 호미 바바의 이론을 잘 풀어냈습니다.

발표자들은 김소영 학생을 제외하고는 모두 영어권입니다. 여러분, 영어로 듣는 데는 거의 문제가 없죠? ('아뇨'라는 대답이 약하게 들린다) 안 그래도 발표자들에게 천천히 또박또박 말하라고 부탁해 놓았습니다. 크게 걱정하지 않아도 됩니다. 탈식민주의도 공부하고 영어도 공부하는 좋은 기회니까, 열심히 들어보도록 합시다.

아무튼, 잠깐, 그렇죠! 무엇보다도 이번 강의의 핵심 인물인 호미 바바에 대해 간단한 소개가 필요하겠네요. 호미 바바라는 학자는 현재 하버드 대학에서 근무하고 있습니다. 그러니 미국 대표인 브레드가 소개하는 게 좋을 듯합니다. 브레드는 호미 바바의 특강도 들은 적이 있다

고 합니다. 브레드, 호미 바바에 대한 간단한 소개를 부탁
할게요.

호미 바바, 그의 혼종적인 출신 배경

브레드 : 네, 아주 짧게 소개할 게요. 호미 바바는 1949년 인도
의 뭄바이(봄베이)에서 태어났어요. 뭄바이에서 대학까지
마친 뒤 영국의 옥스퍼드에서 영문학 석박사를 받았지요.
현재는 하버드의 인문학연구소 소장이에요.

● 호미 바바는 인도에서 소수자에 속하는
파르시 출신.

호미 바바는 『국가와
서사』라는 편저를 내기도
했지만, 『문화의 위치』라
는 저작이 독보적으로 중
요하죠. 탈식민주의 연구
에 '문화'라는 말이 들어가
니까 조금 낯설지 않나요?
하지만 호미 바바의 전매
특허라고 할 수 있는 말이
'혼종성'인데, 이때의 혼종
이란 곧 문화의 혼종을 가리키지요. 이런 점에서 호미 바
바는 탈식민주의 연구와 문화 연구를 매우 잘 결합시킨

인물로 알려져 있어요.

사실 탈식민주의는 문화 연구와 결합하면서 더 널리 알려졌다고도 할 수 있지요. 탈식민주의의 이론은 문화 연구의 이론적 근거로 활용되고, 탈식민주의가 가진 저항의 정신은 문화 연구에 실천적 계기로 활용된 셈이지요. 문화 연구라는 분야가 워낙 광범위하니, 탈식민주의라는 매력적인 이론과도 또 실천과도 쉽게 결합한 거죠.

호미 바바의 경우에는 문화를 분석하는 방법을 통해 탈식민화를 추구하자는 것이지요. 그에 따르면, 과거에 서구가 다른 문화와 폭력적인 관계를 맺은 것이 바로 식민 지배라는 결과로 나타난 거예요. 그 폭력적인 관계를 탈피하려면 다른 문화를 더 잘 이해해야 한다는군요. 우등한 문화와 열등한 문화라는 경계를 없앰으로써 지배와 피재배의 대립도 없앨 수 있는 거잖아요. 그래서 '혼종성'이라는, 그에게 매우 특별한 개념도 등장하는 것이지요.

한 가지 덧붙이자면, 호미 바바는 포스트모더니즘, 탈구조주의, 정신분석학의 대가들인 미셸 푸코, 자크 데리다, 자크 라캉 등으로부터 큰 영향을 받았어요. 이 철학자들 이해하기가 엄청 어렵다는 건 잘 알죠? 호미 바바는 아마 더 어려울 걸요. (몇몇의 웃음소리) 바로 이 이론적 난해함 때문에 실천이 뒤따르지 않는 학자라고 악평을 듣기도 해요. 에어컨 빵빵하게 나오는 연구실과 강의실에서만 들어줄 수 있는 비현실적 이론가라는 거죠.

이상이 호미 바바에 대한 간략한 소개입니다.

탈 선생 : 브레드, 고마워요! 음, 그렇다면 다음에는… (이때 캐서린이 탈 선생에게 무언가 말하고 싶은 듯한 태도를 보인다) 아, 네. 캐서린이 무언가 덧붙이고 싶은 모양입니다. 캐서린, 말해 보아요!

캐서린 : 음, 호미 바바의 혼종성을 이해하기 위해서는 그의 출신 배경을 더 구체적으로 참조하고 해석할 필요가 있을 거예요. 그가 인도 출신의 서구 지식인이라는 점부터 색다르잖아요. 그는 오랫동안 식민지 경험을 한 인도라는 나라에서 태어나고 자랐으면서도, 나중에는 서구에서 가장 주목받는 학자가 되었지요. 영국 식민지 시절에 영국식 교육을 받은 인도 엘리트가 '거의' 영국인 같았지만 '확실히' 영국인은 아니었던 것과 같이, 호미 바바도 '거의' 서구인 같지만 '확실히' 서구인은 아닌, 매우 독특한 정체성을 가진 사람이죠.

게다가, 음, 호미 바바가 인도에서도 소수 문화를 형성하는 파르시 교도라는 점 또한 특별해요. 파르시는 '페르시아'라는 뜻인데, 페르시아에서 발생한 조로아스터 교도를 인도에서는 파르시라고 불러요. 그들은 8세기경 이슬람의 박해를 피해 인도 구자라트에서 농업공동체로 정착했다가, 18세기경 뭄바이에 동인도회사 상관이 생기자 상공업으로 전환하면서 그 근교로 모두 이주했죠. 바바가 소수자와 이주민에 많은 관심을 가지는 이유도 아마 여기에 있을 거예요. 파르시가 인도에 정착한 후 한편으로는 인도에 동화되고 다른 한편으로는 자기 정체성을 유지한 것도, 그 후손인 호미 바바에게 영향을 미쳤을 거예요.

이런 점에서 호미 바바의 출신 배경은 그만의 혼종성이라는 개념이 탄생하는 데 상당한 역할을 하지 않았을까요? 브레드도 알고 있는 사실일 테지만, 그냥 넘어가서는 안 될 것 같아서 제가 나섰어요. 미안해요, 브레드!

브레드 : (손을 내저으며) 아뇨, 괜찮아요. 적절한 타이밍에 잘 정리해 주었어요. 제가 도리어 고마워요.

탈 선생 : 두 분 모두 수고했습니다. 호미 바바에 대한 두 학생의 소개가 머리에 쏙쏙 정답게 들어오죠? 호미 바바에 대해 들어보았는데, '혼종성'이라는 중요한 용어에 대해서도 아주 짤막하게 듣고 시작할까요? 이번에는 산지브가 소개하는 게 좋겠습니다.

산지브 : 혼종성을 소개하는 건 매우 어려운데요. (팔과 손으로써 다양한 제스처를 취하면서 말한다) 일단 혼종성은 순수성의 반대말로 여러 가지가 뒤섞여 있다는 것을 의미하지요. 가장 쉬운 예로, 제가 맛본 한국 전통음식인 비빔밥이 이 혼종성에 가깝지 않을까 생각해요. 여러 재료들이 뒤섞여 있으니 말이에요. 그리고 한국 친구인 소영이 말하기를,

한국인은 단일민족이라는 데 큰 자부심을 가진다면서요. 제 모국인 인도는 그 반대로 다민족이라는 데 큰 자부심을 가져요. 단일민족이 인종의 순수성을 강조하는 거라면, 다민족은 인종의 혼종성을 밑바탕으로 하는 거지요. 그리고 요즘 음악이나 미술 등의 예술계에서 퓨전, 크로스 오버, 혼성모방이라는 말을 많이 쓰잖아요. 이것도 혼종성의 좋은 예시라고 할 수 있어요.

혼종이라는 말은 사실 식물학 또는 원예학에서 나왔다고 해요. 포마토가 뭘까요? 포테이토와 토마토가 결합된 말이에요. 뿌리에는 감자가 열리고 줄기에는 토마토가 열리는 제3의 종이잖아요 이게 바로 혼종이에요. 인간과 관련해서는 이 말이 식민 시대 초기에 유럽인과 남미인의 혼혈을 가리켰지요. 물론 이 경우에 혼혈 혹은 혼종은 경멸과 조롱의 대상이었어요

그런데 호미 바바는 바로 이 혼종이라는 말에 긍정적인 의미를 부여하게 되지요. 흑인과 백인의 혼혈이 등장할 경우에 순수한 흑인이니 순수한 백인이니 하는 생각을 무너뜨린다는 점을 중요시한 셈이에요. 순수 혈통을 주장하는 것이 폭력적이라는 점을 폭로하는 거잖아요. 결국 혼혈 또는 혼종이 긍정적인 역할을 하는 셈이지요.

탈 선생 : 산지브, 고마워요! 바로 이 혼종성이 오늘 수업의 핵심어입니다. 산지브가 아주 적절한 예를 들면서 혼종성을

잘 소개해 주었고, 혼종성의 긍정적인 의미도 잘 알려주
었습니다. 오늘 수업에서 계속 염두에 두어야 할 내용입
니다. 이 내용을 제가 더욱 명료하게 정리해서 보여주도
록 하겠습니다. 핵심 내용이니 칠판에 직접 쓰겠습니다.
(탈 선생이 분필로 칠판에 쓰기 시작한다)

1. 식민주의는 지배자의 통일성과 순수성을 전제하면서
   피지배자에 대한 일방적 지배를 주장한다.
2. 하지만 그 통일성과 순수성은 지배를 정당화하려는 책
   략일 뿐이고, 실제로 지배자는 내적인 모순과 분열을
   겪는다.
3. 따라서 지배자의 양가성을 적극 밝히고 피지배자의 혼
   종성을 의도적으로 드러냄으로써 지배와 피지배의 고
   착된 관계를 뒤흔들어야 한다.

(판서를 끝내고 천천히 한 번 읽은 뒤) 현재로선 좀 어렵게 들
리겠지만, 점차 더 잘 이해될 것입니다. 발표자들의 발표
내용을 들으면서도 판서해 놓은 내용을 잘 생각해 보길
바랍니다.
  자, 그러면 이제 소개하는 시간은 끝내고, 본격적으로
발표 하나를 들어보겠습니다. 수업 시간을 고려해야 하니
까, 짧게 요약해서 발표하는 방식이 좋을 것입니다.
  여러분이 어떤 문학작품에 가장 흥미를 가질까 하는

점을 생각해 보았습니다. 또 어떤 문학작품이 호미 바바의 탈식민주의 정신과 혼종성을 잘 드러낼까 하는 점을 숙고해 보았습니다. 결론적으로 『빌러브드』입니다. 그래서 가장 먼저 이 작품에 관한 발표를 듣고, 또 이 작품에 가장 많은 발표 시간을 주도록 하겠습니다. 여러분에게 영화를 미리 보라고 한 이유도 바로 여기에 있습니다. 소설은 읽기 힘들어 할 테고, 일단 영화라도 보는 게 여러모로 도움이 되기 때문입니다.

(목소리를 더 높이며) 영화 안 본 사람은 없죠? 그래요, 다 봤다고 믿고, 이제부터 브레드의 발표를 듣도록 하겠습니다. 브레드가 어제 세미나에서 발표한 제목은 "토니 모리슨의 『빌러브드』: 사라진 과거를 현재에 다시 쓰기"입니다. 사라진 과거를 현재에 다시 쓴다? 뭔가 흥미진진하지 않습니까? 브레드, 약 10분 정도로 발표해 주겠어요? 그리고 한 가지 당부를 하겠습니다. 오늘 앞에 발표자로 나온 4사람은 특별히 예의에 얽매이지 말고 좀 더 자유분방하게 이야기를 나누었으면 하는 바람입니다. 자!

말해지지 않은 과거를 다시 말하기

브레드 : 먼저, 영화를 본 사람이 많겠지만, 그래도 안 본 사람

• 영화 '빌러브드'에 등장하는 세 모녀

을 위해서 또 제 주장을 더 선명하게 하기 위해서, 줄거리를 간단하게 정리해 볼게요. 우선 이 소설은 미국 남북전쟁 시기를 배경으로 하여 피지배자인 흑인의 비참한 삶과 그 치유를 다루고 있지요.

현재 흑인 여성 세드는 자신의 딸인 덴버와 함께 유령이 출몰하는 저주받은 집에서 살고 있어요. 일단 엄마와 딸 하나가 살고 있는 괴기스런 집을 상상하세요! 과거에 엄마 세드는 둘째 딸인 덴버를 임신한 채로 비참한 노예 생활로부터 탈출하여 시어머니와 첫째 딸이 살고 있던 이 집에 안착하였지요. 하지만 자신을 좇던 백인 주인에게 발각되자, 당시 두 살이던 첫째 딸을 직접 살해하는 광기를 보임으로써 모든 상황을 종료시키게 되죠. 아무리 도망친 노예라 할지라도 완전히 미쳐 있다면 주인이 그냥 내버려둘 수밖에 없지 않겠어요? 현재 그녀의 집에 출몰하는 유령은 바로 그때 죽임을 당한 첫째 딸이에요.

이제 이야기가 서서히 전개되지요. 엄마와 딸이 사는 이 집에, 어느 날 그 첫째 딸 유령이 다 자란 소녀의 모습으로 나타나지요. 그래서 엄마와 두 딸은 기묘한 동거를 시작해요. '빌러브드'라는 이름의 이 딸은 엄마 세드의 연인을 쫓아내고 여동생 덴버를 점점 멀리하지요. 그럼으로써 엄마 세드의 모든 사랑을 독차지하고 말아요. 당연하게도 이 가정은 거의 파탄 날 지경에 이르게 되지요. 그런데 어느 날 아주 신기한 일이 벌어져요. 정말 우연하게도 과거에 엄마 세드가 빌러브드를 살해하던 날과 거의 흡사한 상황이 만들어지죠. 이번에는 광기에 사로잡힌 세드가 빌러브드를 죽이는 대신 백인 남자를 향해 달려들어요. 그러자 그 광경을 지켜보고 나서 빌러브드는 그 집에서 완전히 사라지고 말아요.

토니 모리슨에게 노벨상을 안긴 이 탁월한 소설에서 저는 '사라진 과거를 현재에 다시 쓰기'라는 주제를 끄집어냈지요. 그래요, 이 말도 당연히 호미 바바로부터 빌려온 것이죠. 『빌러브드』에 관한 제 언급도 대부분 그의 이론을 적용한 것에 불과해요.

무엇보다도 이 소설은 엄마 세드의 상처가 치유되는 과정을 그리고 있어요. 여기서 세드는 여성이자 흑인이자 노예로서 가장 극단적인 피지배자를 가리킨다고 볼 수 있지요. 누구나가 세상을 살아가면서 상처 하나씩은 다 가지고 있지만 그 상처를 치유하는 건 쉬운 일이 아니잖아요. 세드의 경우에는 사랑하는 자기 딸을 자신이 직접 죽여야만 했던 끔찍한 상처죠. 이 상처를 다른 사람이 이해하기란 거의 불가능에 가까울 거예요. 그러던 중에 그녀의 위태로운 상처는 다시 돌아온 딸과 함께 살면서 마지막에 치유되는 것이죠.

과거에 세드는 자신의 백인 주인 앞에서 딸을 죽임으로써, 노예로 다시 끌려가는 것을 피하게 되지만 마음의 큰 고통을 피할 수는 없게 되죠. 그런데 그 딸이 되살아와서는 집요하게 자신의 사랑을 요구하고, 세드는 집안이 풍비박산 나고 있음에도 그 딸에게 모든 사랑을 쏟아요. 여기서 작가는 소름끼치는 장치를 마련하는 거죠. 과거 자기를 잡으러 온 백인 주인과 대면했을 때의 그 상황과 매우 흡사한 상황이 세드의 집 앞에서 벌어지고, 유약해질 대로 유약해진 세드는 이번에 어떻게 행동할까요? 그녀는 과거를 반복하지 않고, 이번에는 빌러브드를 보호하기 위해 정신없이 백인 남자에게 달려들고 말아요. 이 광경을 지켜보는 유령 빌러브드가 사라지는 것은 매우 자연스러운 결말이겠죠. (책상 위에 놓인 물을 마신다)

이 소설에서 빌러브드가 다시 되살아오는 것은 무엇

때문일까요? 그것은 바로, 호미 바바가 말하듯이, 말해지지 않은 과거를 말함으로써 그 상처를 치유하기 위해서예요. 세드에게 자기 딸을 죽인 과거의 기억은 무덤처럼 봉인되어 있는 것이죠. 그런데 그 기억은 봉인되어 있더라도 현재의 삶에 지속적으로 나쁜 영향을 미치고 있어요. 그러니 그 묻힌 과거를 끄집어내어야만 현재를 새롭게 살아갈 수 있어요. 빌러브드가 되살아오는 것은 바로 이 때문이죠.

탈식민주의도 마찬가지에요. 식민 피지배자는 지배자에게 엄청난 핍박을 받았는데, 역사는 가해자인 지배자 중심으로 씌어져 있지요. 피지배자가 식민 시대에 겪은 상처는 말해지지 않은 채로 묻혀 있을 뿐이에요. 그렇게 말해지지 않은 과거의 역사는 이 현재의 시점에서 다시 말해져야만 해요. 마치 과거에 죽은 빌러브드가 그 저주받은 집에 다시 되살아오는 것처럼, 다시 말해져야만 해요. 그래야만 현재까지 남아 있는 식민 시대의 어둡고 끔찍한 상처를 어떤 식으로든 치유할 수 있을 거예요.

혹 과거를 기억하는 것을 부정적으로 볼지도 모르겠군요. 사람은 미래 지향적으로 살아야만 하는데, 자꾸 과거의 어두운 면을 들추고 꺼내는 건 그다지 좋지 않을 수 있겠죠. 그런데 호미 바바는 이렇게 주장해요. 과거를 기억하는 것이란 고요한 회고와 같이 정적인 행위가 아니라고 말해요. 그것은 고통스럽게 재구성하고자 하는 동적인 행위라고 말하죠. 세드가 가지고 있는 것과 같은 그러한 트라우마를 적극적으로 대면한다면, 과거는 과거에 머물지 않고 현재를 향해 다가와서 현재의 의미를 새롭게 만들지 않을까요? (잠시 침묵)

김소영 : 불쑥 끼어들어서 미안한데요. 사실 『빌러브드』가 탈식민주의를 이해하는 데 좋은 문학작품인 것만큼은 분명해요. 그런데 어제 세미나에서도 이 소설과 혼종성과의 관계를 제대로 드러내지 못한 것 같았어요. 혼종성이라는 어려운 개념이 이 소설을 통해 더 잘 이해되고 알려졌으면 좋겠네요.

브레드 : 네, 좋은 지적입니다. 아무래도 혼종성에 관한 세미나인 이상, 『빌러브드』를 통해 그 개념을 잘 이해하는 게 중요하죠. 이 소설에는 분명 시간의 뒤섞임 즉 시간의 혼종이 있어요. 더 나아가서는, 이야기의 뒤섞임 즉 서사의 혼종이 있지요.

이 소설에 등장하는 세 여성은 엄마인 세드, 큰딸인 빌러브드, 막내딸인 덴버죠. 이 세 여성은 처음에 각자의 이야기 즉 각자의 서사를 간직한 채로 살고 있어요. 그러다가 저주받은 집이라는 공동의 공간에 빌러브드가 되살아옴으로써 각각의 이야기들이 뒤섞이기 시작하는 거예요. 시간이 뒤섞이기 때문에 이야기가 뒤섞이는 거죠. 다시 말해, 과거에 죽은 빌러브드가 현재에 살고 있기 때문에, 과거와 현재의 여러 이야기들이 저주받은 집에서 뒤섞인 채로 공존하는 셈이에요.

결국 과거와 현재가 혼종되어 있다는 것은 세 여성의 이야기들이 공존을 넘어 서로 결합되기를 꿈꾼다는 것이지요. 예를 들어, 과거에 큰 상처를 가진 나를 훌쩍 자라난 '현재의 나'가 대면하는 것은, '현재의 나'와 '과거의 나'가 서로 결합되기를 희망하는 거잖아요. 이처럼 세 여성들은 시간이 뒤섞인 혼종의 공간에서 각자가 자신의 이야기를 하면서 결합을 위한 교섭을 시작하죠. 상처를 치유하려는 바로 그 교섭의 행위가 무엇을 낳았나요? 화해를 낳았잖아요. 세드가 마지막에 빌러브드를 보호하기 위해 백인 남성에게 달려든 것이 바로 최종적인 화해이지요.

탈식민주의에서도 혼종의 역할은 이와 비슷해요. 식민지 과거의 아픈 기억을 현재에 불러오는 것 자체가 시간의 혼종을 가리키잖아요. 식민 지배자의 이야기만 쓰인 역사책에 피지배자의 이야기도 함께 써 넣기 위해서는, 지배자 혼자만의 순수하고 순결한 이야기를 거부해야 하겠죠. 그리고 피지배자의 고통스러운 이야기를 끄집어낼 때, 지배자와 피지배자의 이야기가 뒤섞이면서 혼종이 등장하는 거예요. 지배자와 피지배자가 서로의 이야기를 참조하면서 교섭해야만 새로운 이야기가 만들어지죠. 서로가 참조하고 서로가 교섭하는 것이 혼종이 아니고 무엇이겠어요. 물론 이때의 혼종이란, '식민주의'로부터 '탈'하려는 즉 과거와 현재의 식민주의를 청산하려는, 적극적인 의미의 혼종이겠죠.

소영, 답변이 되었나요?

김소영 : 네, 아주 훌륭한 답변이었어요. 그런데 (잠시 뜸을 들이다가) 제가 한국적인 예시 하나만 들어도 되겠죠? 하나만 들어볼게요.

우리는 오랫동안 남성의 계보를 보여주는 족보라는 전통을 가지고 있는데, 집안의 역사인 이 족보에 여성은 남성의 부속물 정도로 기록되고 있지요. 그런데 남성 중심의 족보는 집안의 역사에서 여성의 위상과 역할을 축소하거나 지움으로써 남성만으로도 아무 일 없이 평온한 시간이 흘렀다는 것을 보여주는 듯하죠. 하지만 실상은 어떤가요? 여성은 그 역사에 남성과 동등한 기여를 했지 않나요? 만약 동등한 기여를 했다고 생각한다면, 그 집안의 역사는 여성의 이름을 동등하게 넣은 채로 다시 쓰여야 하지 않나요? 그래야만 딸만 낳고 아들을 못 낳아서 쫓겨난 여성, 첩으로 들어와서 아들을 낳았지만 본처로부터 구박받은 여성, 양자로 들여온 아들을 더 잘 키우기 위해 자신의 삶 전체를 희생한 여성 등, 그러한 여성들의 핍박 받은 이야기가 비로소 의미를 가지게 되겠지요. 남성 중심의 족보를 혼종적인 것으로 만듦으로써 새로운 가족사가 만들어질 수 있는 거지요.

남성 중심적 사회에서 마치 식민 피지배자 같은 위치를 점하는 여성의 문제를 다루는 것도 탈식민주의의 중요한 영역이라는 건 여러분도 잘 아시죠? 탈식민주의와 페미니즘은 아주 궁합이 잘 맞아요. 암튼, 선생님, 제가 갑자기 족보 이야기를 꺼내서 죄송합니다.

탈 선생 : 아뇨, 아주 적절한 타이밍에 적절한 예시를 들어 주었습니다. 수고했습니다.

그건 그렇고, 브레드의 발표를 들어보니, 여러분은 어떻습니까? 혹시 이런 의구심은 안 생기던가요? 지배 문화를 중심으로 쓰인 이야기를 피지배자에게 의미 있는 이야기로 다시 쓴다는 것은 정말 그럴 듯하게 들립니다. 하지만 한 번 생각해 봅시다. 이미 지배 문화 또는 식민 지배자의 이야기는 완결된 책으로 나와 있습니다. 그러니 자칫 잘못하면, 다시 쓴다는 것이 그저 완결된 책의 페이지마다 메모 수준의 낙서를 덧붙이는 꼴에 그칠 수도 있지 않겠습니까?

사정이 이렇다면, 어떻게 해야 되겠습니까? 그 완결된 책 자체를 해체해야 합니다. 그래야만 제대로 된 다시 쓰기를 할 수 있습니다. 지배 문화나 식민 지배자의 이야기를 불완전한 것으로 만들어야 한다는 것. 바로 이 전략을 호미 바바가 쓰고 있습니다.

네, 지배자도 당연히 분열과 혼란을 겪습니다. 그들의 이야기도, 겉으로는 온전한 듯 포장해 놓았지만, 실제로는 모순투성이입니다.

우리는 흔히 상처를 준 사람과 상처를 받은 사람을 확실하게 구분하려는 버릇이 있습니다. 여러분도 연애에서 남자가 찼느니, 여자가 찼느니, 그런 말들을 하잖습니까? 하지만 고통을 준 사람은 마냥 고통을 주기만 했고 고통을 받은 사람은 마냥 고통을 받기만 했을까요? 마찬가지로 식민 지배자는 무조건 가해자고 식민 피지배자는 무조건 피해자일까요? 지배자와 피지배자는 그저 일방적으로 지배하고 또 지배당하는 관계이기만 했을까요? 바로 이 점을 호미 바바도 고민한 것입니다.

식민 시대에 식민 지배자도 고통을 받았다? 그리고 식민 지배자는 가해자인 동시에 피해자다? 이건 좀 충격적인 주장입니다. 호미 바바는 이처럼 지배자가 겪은 상처에도 주목합니다. 물론 지배자의 상처를 꺼냄으로써 그들에게 변명할 기회를 주려고 이렇게 주장하는 것은 결코 아닙니다. 그는 다만 지배자가 본래부터 우월한 지배자였다는 그런 신화를 부정하기 위해 이렇게 주장하는 것입니다. 우월한 지배자가 열등한 피지배자를 일방적으로 잘 지배해 왔다는 거짓말을 드러내기 위해 이렇게 주장하는 것입니다. (높아진 목소리를 한껏 낮추면서) 과연 지배자가 흔들림 없이 안정되게 또 일관성 있게 피지배자를 잘 지배했을까요? 아닙니다. 상처를 입었고 분열을 겪었음에도 자기들의 본질적 우월성에 의심이 가지 않도록 철저하게 위장을 했을 뿐입니다.

바로 이런 점에서 호미 바바는 지배자의 상처와 분열을 언급합니다. 이를 다른 말로 지배자의 양가성이라고 표현할 수도 있습니다. 아마 어제 캐서린이 "에드워드 모건 포스터의 『인도로 가는 길』: 타자 속에서 주체의 소외, 그리고 양가성"이라는 발표에서 이 점을 잘 정리했을 겁니다. 캐서린이 좀 더 알려줄 수 없을까요?

관계가 흔들려야 새로운 관계가 만들어진다

캐서린 : 음, 『인도로 가는 길』은 데이비드 린이라는 위대한 감독에 의해 영화로 만들어졌지요. 영화를 보신 분도 꽤 있을 거예요. 아무튼 영화가 아닌 이 소설은 기본적으로 이질적인 두 문화 사이의 대립을 보여주고 있는데, 상이한 사람들 사이에 건널 수 없는 강이 있는 것처럼 상이한 문화 사이도 그러하다는 내용이죠. 두 문화가 제대로 만

나지 못하니, 식민 지
배자가 소외나 분열을
겪는 것은 당연한 결
과겠죠.

간단하게 줄거리를
말해 볼게요. 음, 기억
해야 할 인물은 영국
인 여성 아델라와 인
도인 남성 아지즈예요.
아델라는 식민지 인도
에서 판사로 근무하는
영국인 약혼자를 찾아
왔는데, 그 누구보다도

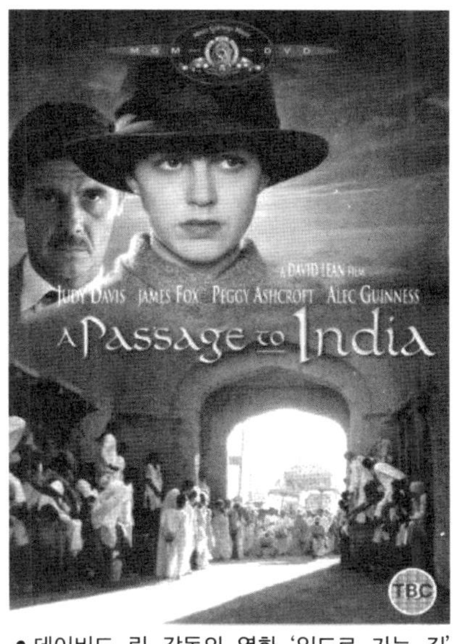

● 데이비드 린 감독의 영화 '인도로 가는 길'
포스터

인도를 더 잘 이해하려고 열심히 노력하는 편이었지요.
그러던 어느 날 인도인 의사 아지즈로부터 신비스러운
동굴을 안내받게 되어요. 문제는 여기서 발생하죠. 그녀
는 인도에 오고 나서 가뜩이나 복잡하고 혼란스런 심경
에 빠져있었는데, 환청의 메아리가 들리는 그 동굴 속에
서 아지즈가 자신을 능욕하려 했다고 착각하고 말아요.
결국 그녀는 아지즈를 고소하지요. 이 사건에 대해 영국
인들과 인도인들이 양분된 채로 강하게 대립하고, 마지막
에는 예상하다시피 아지즈의 무죄가 확정되지요.

이 소설에서 호미 바바가 주목한 것은 동굴의 메아리인 (울림을 만들기 위해 손을 입에 갖다 댄 채로) '우우-부움'이라는 소리에요. 이 소리는 사실 아무런 의미가 없을 뿐인데, 의미 없는 이 소리는 영국인 여성의 이성과 합리성을 마비시켜 버리죠. 아델라가 강간당했다고 착각하는 데서 알 수 있잖아요. 그러니 이 소리는 식민 지배자의 승리감을 조롱하는 소리라고 말할 수 있겠지요. 식민 지배자는 피지배자에게 쉽게 다가갈 수 있다고 생각했는데, 동굴의 '우우-부움'은 이질적인 두 문화의 소통이 불가능하다는 점을 암시할 뿐이잖아요.

이렇게 볼 수 있어요. 낯선 인도는 영국에게 어서 오라고 오라고 하면서, 자신을 인식해 보라고 다그치는 듯해요. 그래서 영국이 인도에게 다가가는 거지만, 인도는 인식할 수 없는 '우우-부움'과 같은 소리를 냄으로써 영국을 당황하게 하고 조롱하는 거예요. 인도에 왔으나 어디에 머물러야 할지 모르는 영국은 절망과 함께 소외를 겪고 말아요. 인도를 사랑하려고 했으나 사랑할 대상이 분명치 않음으로써 좌절을 겪고, 급기야 자신이 인도를 증오하고 또 인도가 자신을 증오한다는 생각으로 이어지지요. 식민 피지배자 속에서 지배자가 소외당하는 이것을, 타자 속에서의 주체의 소외라고 부르는 것이죠.

그렇다면, 음, 이제 식민 시대에 식민 지배자도 소외를 당했다는 점을 이해하겠죠? 이 소외는 다른 식으로 자기 분열이라고 말할 수 있어요. 지배자에게 피지배자는 자기가 보고자 하는 방식대로 알려져야 하는데, 피지배자가 잘 알려지지 않거나 엉뚱하게 알려짐으로써 지배자는 자기분열을 겪고 말지요.

음, 어린 시절에 아주 친했던 친구를 오랜만에 만났다고 해봐요. 당연히 자기가 알고 있는 오래된 정보들로써 다 자란 친구를 이해하려고 애쓰지만, 아주 많이 변해버린 그 친구는 좀처럼 그 정체가 파악되지 않는 거예요. 오히려 아무런 정보도 모르는 사람을 만난다면 당황해하지 않을 텐데, 그 친구의 경우에는 어린 시절에 축적된 정보와 현재 알려지는 정보 사이의 간극이 너무 커서 매우 당황해 하는 거지요. 자기가 그 친구를 보고자 하는 방식대로 그 친구가 보이지 않으니, 이 경우에 소외를 경험하거나 자기분열을 경험할 가능성이 꽤 높겠죠?

여기서 호미 바바의 양가성이라는 개념이 등장하는 거죠.

탈 선생 : 잠깐만요, 캐서린! 미안해요. (캐서린이 괜찮다는 제스처를 취한다) 본격적으로 양가성을 꺼내기 전에 그 주체의 자기분열에 관한 좋은 예시 하나를 소개하고 싶군요. 프란츠 파농의 『검은 피부 하얀 가면』이라는 책에 나오는 내용인데, 잠깐만요. (유인물을 뒤적이다가 기쁜 표정을 지으면서) 여기 있군요. 읽어 볼게요.

(비장한 목소리로, 천천히 읽는다) 그 하얀 겨울날 내 육체는 뻗쳐나가고 비틀리고 다시 색칠되고 비탄에 쌓인 채 나에게 되돌아왔다. 검둥이는 짐승이고, 검둥이는 불량스럽고, 검둥이는 비열하고, 검둥이는 추악하다; 깜둥이 좀 봐, 아 춥다, 깜둥이는 떨고 있다, 깜둥이는 춥기 때문에 떨고 있다, 작은 소년은 깜둥이가 무섭기 때문에 떨고 있다, 깜둥이는 뼈에 사무치는 추위로 떨고 있는데, 잘 생긴 작은 소년은 깜둥이가 분노에 치를 떤다고 생각하기 때문에 떨고 있다, 작은 백인 소년은 자기 엄마의 품안으로 뛰어든다 : 엄마, 깜둥이가 날 잡아 먹으려 해요.

어떻습니까? 식민지 지배자의 아들쯤 되는 백인 소년과 피지배자인 흑인 어른의 이야기입니다. 흑인 어른은 단지 춥기 때문에 떨고 있습니다. 그런데 백인 소년은 그것을 알지 못한 채 흑인 어른이 분노 때문에 떨고 있다고 생각합니다. 어떤 타자가 자기가 규정하는 대로 인식되거나 자기가 예상하는 범위 내에서 움직이지 않으면, 백인 소년처럼 흑인 어른으로부터 친근함과 낯섦을 동시에 느끼게 되는 겁니다. 백인 소년에게 흑인의 비천한 모습은 익숙하고 친근하지만, 자기를 응시하는 도전적인 눈빛은 두려움과 낯섦을 가져다줍니다. 이 이중성이야말로 자기분열인 셈입니다. 자기분열의 이중성이 바로 양가성이라고 불립니다.

캐서린 : 음, 그래요. 식민 지배자가 피지배자에 대해 가지는 애증의 감정이 바로 양가성이기도 해요. 사전적으로는, 동일한 대상에 대해 상반된 태도를 가지는 것을 양가성이라고 말하죠. 피지배자를 한편으론 친근해하면서도 다른 한편으로 낯설어 하는 것, 이 양자 사이에서 끊임없이 분열을 겪으며 마음이 동요하는 것이 양가성이에요.

역사적 사실이 이 양가성을 증명하잖아요. 음, 식민 지배자는 피지배자의 아버지인 동시에 억압자이고, 피지배자에게 공정한 태도를 보이는 동시에 불공정한 대우를 하고, 피지배자에 대해 온화한 듯한 동시에 착취를 일삼잖아요. 지배자의 이러한 양가성은 피지배자에게도 투사되어, 피지배자 역시 지배자에 의해 양가적으로 묘사되지요. 피지배자는 신비적이고 순진한 동시에 세속적이고 교활하고, 식인의 야만적 특성을 가진 동시에 충실한 심복으로 삼을 수 있는 존재로 비춰지고 말지요.

지배자는 이처럼 겉으로 통일적이고 일관적으로 잘 지배하고 있는 듯하지만, 실제로 그러지 못한 채 분열을 겪어요. 그러면 피지배자는 어떻게 되겠어요? 만약 양가적인 지배자가 어떤 때는 관용적이다가 어떤 때는 폭력적이라면, 피지배자 역시 어떤 때는 규칙을 어기고 어떤 때는 규칙을 지킬 수밖에 없지 않겠어요? 결국 피지배자 또한 양가적으로 분열되겠지요. 그래서 피지배자가 지배자의 일부를 배척하고 일부를 모방하는 그런 태도를 보이는 거예요. 바로 이와 같이 피지배자가 지배자의 일부를 모방하는 것을 부분적 모방이라고 하는데, 이 부분적 모방을 곧 혼종이라고 부를 수 있어요. 이 혼종은 지배자의 튼튼한 지배 논리를 무기력한 것으로 만들고 말지요.

음, 식민 지배자와 피지배자를 일방적 지배와 통일성이라는 관점이 아니라 상호작용과 양가성이라는 관점에서 보아야만, 지배자의 위대한 신화를 깨뜨릴 수 있어요. 호미 바바의 표현대로, 식민 시대에 피지배자는 결코 지배되지 않는 노예이고, 지배자는 노예화된 주인이기도 했지요. 그리하여 식민 시대에 순수한 지배자가 순수한 피지배자를 지배한 게 아니라 상호 간에 접촉과 교섭과 혼종이 있었다는 점을 드러냄으로써, 이제 식민주의의 이야기가 얼마나 기만적이었는지 폭로할 수 있는 거지요. (잠시 침묵)

산지브 : 제가 보기에 호미 바바는, 지배자와 피지배자를 가르는 경계가 가짜에 지나지 않는다고, 피지배자의 입장에서 폭로하는 것 같아요. 이런 점에서 그는 철저한 현실주의자가 아닐까요?

사실 약육강식의 이 세상에서 힘 있는 자는 대립을 선호하고 힘없는 자는 교섭을 선호하지요. 대립과 교섭의 차이를 한 번 볼까요? (여기서부터 양손의 검지를 사용하는 제스처를 취한다) 식민 지배자와 피지배자를 대립의 상황에 놓으면, 지배자는 그대로 지배자이고 피지배자는 그대로 피지배자로 남을 뿐이에요. 그와 반대로 양자를 교섭의 상황에 놓으면 어떻게 될까요? 지배와 피지배의 관계 자체가 서서히 약화되면서 지배자도 피지배자도 더 이상 존재하지 않을 가능성이 생겨요. 약자의 입장에선 이 얼마나 효과적인 방법인가요. 아직까지 이 세상은 서구 식민주의자가 신식민주의자로 둔갑하면서 득세하는 세상이에요. 피지배자가 단숨에 지배자를 역전시키는 것은 불가능하잖아요. 그러니 피지배자를 지배자와 동등한 위치로 끌어올리는 현실적인 전략이 더 필요하지요. 그래서 양자의 경계를 무너뜨리자고 주장하는 게 아닐까요?

김소영 : 그러니까 혼종성이라는 것은 두 문화의 경계에서 교섭이나 협상이 벌어짐으로써 얻어지는 결과물이네요. 그 교섭에 대해 호미 바바가 'in-between' 즉 '사이에 낀'이라는 표현을 사용하는 거 맞나요?

산지브 : 네, 맞아요. 문화 다원주의의 관점에서는 경계를 무너뜨리지 않아요. 그렇지만 혼종성의 관점에서는 경계를 무너뜨려요. 문화 다원주의에서는 1항뿐만 아니라 2항, 3항 4항 등등도 존재한다는 걸 인정하자고 해요. 혼종성에서는 거기서 더 나아가 각 항끼리 적극적으로 교섭을 해야 한다고 하지요. 하지만 1항과 2항이 결합하여 3항이

나오는 것은 결코 혼종성이 아니에요. 혼종성은 1항과 2항의 사이에 낀 것일 뿐이지요.

이 점은 두 집 사이의 담장 허물기로 비유할 수 있을 거예요. 만약 두 집 사이의 담장을 허문다면 어떻게 될까요? 담장이 허물어진 두 집 사이에 낀 틈새는 점점 커져만 갈 거예요. 틈새는 일종의 은유라고 생각하는 게 좋아요. 남녀 사이에 다툼이 있고 난 다음에 '둘 사이의 틈새가 더 커졌다'라고 할 때의 그 틈새를 한 번 떠올리면 이해가 좀 쉬울 거예요. (잠시 침묵한다) 틈새가 커지는 이유는 간단해요. 두 집안의 취향, 감수성 등과 같은 이질적인 삶의 양식이 그 경계선의 틈새로 몰려오기 때문이에요. 이질적인 것이 잔뜩 부딪치면 틈새가 커질 수밖에 없어요. 남녀 관계도 마찬가지잖아요. 두 사람이 살아온 배경이 다르면 다를수록 더 많이 다투게 되고 틈새가 더 커질 가능성도 높으니까요. 그리고 그 경계선상에서 틈새가 커지게 되면, 어떤 새로움이 발생할 가능성도 훨씬 커지게 되지요. 그 새로움이란 두 집에서 각각 일궈온 삶의 양식이 혼종된 것이에요. 서로가 서로를 이해함으로써 혼종이라는 창조적인 혁신이 만들어지는 셈이에요. 물론 두 집 각각의 정체성이 충분히 지켜지면서도 혼종적 정체성 또한 계속 생성되는 거지요.

탈 선생 : 산지브의 비유가 아주 좋습니다. 산지브 덕택에 혼

종성을 보다 잘 이해하게 된 것 같습니다. 그런데 좀더 명확하게 알고 싶은 게 있지 않습니까? 두 문화의 교섭에서 어떤 태도를 취해야 하는 겁니까? 다시 말해, 두 문화가 만나서 혼종된다면, 힘없는 자의 문화는 자연스럽게 소멸되면서 힘 있는 자의 문화에 흡수되고 말지 않을까요? 전 이 점이 좀 궁금하군요. 이 점은, 어제 박인환 시인의 시를 김소영이 해석한 부분과 꽤 연관이 있어 보입니다만, 김소영이 좀 보충해 주지 않겠습니까?

김소영 : 네, 선생님, 알겠습니다. 그렇다면 일단 '목마와 숙녀', '세월이 가면' 등을 쓴 박인환 시인은 여러분도 들어본 적이 있을 거예요. 하지만 이 센티멘털한 시인이 탈식민주의와 관련되어 있다고 하면 좀 의외겠죠. 일단 여러 시 가운데 '어느 날'이라는 시를 한 번 보도록 하죠. 제가 피피티를 준비해 왔어요. (잠시 빔 프로젝터가 작동된다) 어려운 이야기를 쭉 들어왔는데, 머리도 식힐 겸 시 전문을 보도록 해요. 제가 낭송할게요.

> 사월 십일의 부활제를 위하여
> 포도주 한 병을 산 흑인과
> 빌딩의 숲속을 지나
> 에이브라함 링컨의 이야기를 하며
> 영화관의 스틸 광고를 본다.
> ……카아멘 죤스……

미스터 몬은 트럭을 끌고
그의 아내는 쿡과 입을 맞추고
나는 '지렛' 회사의 텔레비전을 본다.

한국에서 전사한 중위의 어머니는
이제 처음 보는 한국 사람이라고 내 손을 잡고
시애틀 시가를 구경시킨다.

많은 사람이 살고
많은 사람이 울어야 하는
아메리카의 하늘에 흰구름.
그것은 무엇을 의미하는가.

나는 들었다 나는 보았다
모든 비애와 환희를.

아메리카는 휘트먼의 나라로 알았건만
아메리카는 링컨의 나라로 알았건만
쓴 눈물을 흘리며
브라보……코리언 하고
흑인은 술을 마신다.

(잠시 호흡을 가다듬는다) 박인환 시인의 시라고는 잘 안 믿겨지죠? 그건 그렇고, 저는 아주 간단하게 이야기하고 끝내도록 할게요.

● 20세기 중반 시애틀의 거리 풍경

　이 시는 박인환 시인이 미국의 시애틀에 가서 겪은 어느 날의 일상을 묘사하고 있어요. 우리에게 미국은 한국전쟁 이후, 그야말로 완전한 제국의 이미지를 구축했지요. 그런데 막상 그 이상적인 제국에 가 보니 제국은 상상했던 것과 너무 달라요. 링컨과 휘트먼으로 대변되는 자유, 민주, 평등의 미국은 보이지 않아요. 그 대신에 한국전쟁에서 자식을 잃은 전쟁 피해자 아주머니와, 사랑이 가득해야 할 부활절에 쓴 눈물을 흘리며 술을 마시는 흑인이 있을 뿐이에요. 시인은 반드시 중심이어야만 하는 제국에서, 주변부에서나 볼 수 있는 식민지의 풍경을 보았던 거죠.

　제국의 이상적인 이미지가 이렇게 와해된다면, 제국에 대한 관점도 달라질 수밖에 없을 거예요. 세계의 중심으로서 견고한 질서를 유지할 것 같던 제국의 이미지가 허상임을 깨닫는다면, 더 이상 제국은 무조건 부정되고 비판되어야만 하는 대상이 아니게 되죠. 영원히 중심이라고 생각하던 곳이 주변이 될 수도 있겠구나 하는 생각에, 이제 제국과 식민지의 관계 자체에 변화의 여지가 생기는 거예요.

제국이 제국이라는 일관된 이미지를 가지고 있는 동안, 제국은 식민지와의 경계가 고정됨으로 말미암아 실제로는 편집증이나 자아도취를 겪지 않았을까요? 서양 영화에 보면 가끔 오래되고 웅장한 저택에서 다른 사람과 전혀 교류도 없이 살고 있는 괴팍한 주인공이 등장하잖아요. 제국은 마치 자기만이 우주의 중심이라고 생각하는 그런 주인공처럼 대개 편집증이나 자아도취에 빠져 있었죠.

하지만 제대로 알고 보면, 한 마리의 상처 입은 야수처럼 제국의 실체는 무기력과 결함으로 가득하다고 밝혀지고 말아요. 결국 영원히 순수한 제국이라는 이미지가 억지로 포장한 것에 불과하다고 밝혀지고 말죠.

잘 알다시피, 어떤 대상이 변하지 않으면서 항상 순수한 상태로 존재한다는 믿음을 탈식민주의는 거부해요. 이것을 탈식민주의에서는 본질주의 비판이라고 불러요. 한국 사람들이 단일민족이라고 주장하는 것도 본질주의에 속하죠. 한국인이라는 집단이 독점적이고 배타적인 단일한 인종이라는 특징을 항상 가져왔고 또 현재도 가진다고 생각하기 때문이에요. 그리고 이처럼 탈식민주의에서 순수한 본질을 거부할 경우에는, 마땅히 문화적 혼종에서 일어나는 역동적인 교섭을 중요한 것으로 받아들여야만 하죠. 이 세상에 교섭이 없이 홀로 순수하게 존재하는 것이란 애초부터 아예 없다는 말이에요.

그렇다면 이런 종류의 교섭이란 어떤 것일까요? 혼종성은 중심과 주변이 가지는 그 이원성을 고수하면서도 그것을 해체하지요. 마찬가지로 자아와 타자, 내부와 외부 등등, 모든 대립이항들이 만드는 이원성을 고수하면서도 그것을 해체하지요. 이원성을 고수할 뿐, 변증법처럼 제3의 것으로 나아가지 않아요. 제3의 것으로 나아간다면, 힘없는 자의 문화가 힘 있는 자의 문화로 합병되어 버리는 결과가 나오고 말아요. 호미 바바가 자주 변증법을 거부하면서, 선악의 강한 대립을 교리로 삼는 마니교의 이분법을 내세우는 것도, 그런 결과를 우려했기 때문이에요. 그는 대립이항이 그저 경계를 해체하는 혼종적인 정체성 속에서 각각의 차이들로써 역동적인 교섭을 지속하기를 주장하는 셈이에요. 다시 말해, 각각의 문화가 서로 겹치는 지점까지 나와서 서로의 차이를 꺼낸 채로 활발한 협상을 계속해야 한다는 거지요.

이제 두 문화의 교섭에서 어떤 태도를 취해야 하는지

답이 나오지 않았을까요? 우선 자기 문화를 항상 순수하고 통일적인 형태로 간주하는 본질주의의 태도를 버려야겠죠. 그렇게 하면 아주 자연스럽게 혼종적인 정체성을 인정할 수 있게 될 거예요. 하지만 혼종성은 자칫 한 문화가 다른 문화에 포섭되거나 병합되는 결과로 이어질 가능성이 있어요. 예를 들어 한국의 전통 음악을 서구 음악과 결합시킨 국악 퓨전이나 크로스오버가 난무할 경우에 전통 음악이 소멸될 수도 있는 거예요. 따라서 각 문화의 차이들을 드러내면서 끊임없이 상호 교섭을 이어나가는 방식으로 혼종성이 작동해야 할 뿐, 결코 그 교섭을 멈춰서는 안 되겠죠. (빔 프로젝터를 끈다)

탈 선생 : 방금 김소영이 말한 부분은 어제 산지브의 발표에서도 알아챌 수 있는 내용인 것 같습니다. 그렇다고 생각지 않나요, 산지브?

혼종성은 문화적 이단이다

산지브 : 네, 맞아요. 하핫! 제가 어제 "살만 루시디의 『악마의 시』: 문화적 이단으로서 혼종성"이라는 제목으로 발표를 했지요. 주로 혼종성이라는 것이 어떤 역할을 하는지에 대해서 말한 셈이에요.

우선 살만 루시디의 소설 『악마의 시』에 대해서는 여러분도 잘 알고 있을 거예요. 1988년 영국에서 이 소설이 발간된 이후 난리가 났어요. 전 세계 무슬림들이 신성모독이라고 분개했지요. 심지어 1989년에는 이란의 종교 지도자 호메이니가 100만 달러의 현상금을 내걸고 그에 대한 암살을 명령했지요. 이 사형선고는 공식적으로 1998년에 철회되었어요.

루시디는 이 소설에서 허구와 루머를 구사하고 화려하고 경이로운 문체를 사용해요. 비행기 사고로 영국에 추락하여 천사와 악마로 변한 두 인도인이 주인공이에요. 둘 다 꽤 잘 나가던 사람들이었어요. 이 두 주인공과 주변 인물들을 통해 인간 본연의 선악 문제를 파헤치고 있지요.

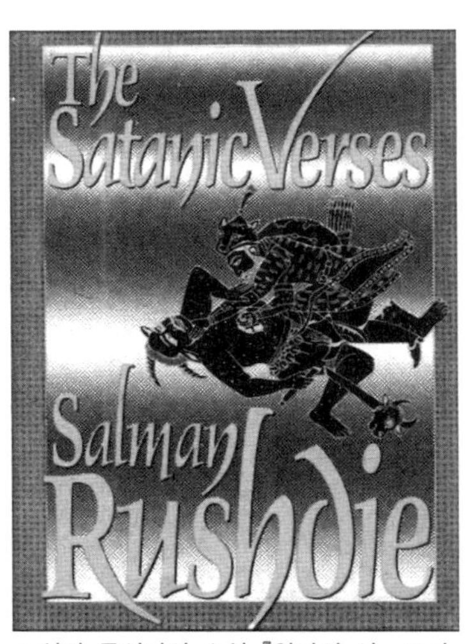

● 살만 루시디의 소설 『악마의 시』 표지

이 소설에서 신성모독으로 간주되는 부분이 궁금하지요? 예언자 무하마드(마호메트)를 '악마'라는 뜻의 '마훈드'로 부른 것, 무하마드의 여러 아내들의 이름으로써 매춘

부의 이름을 지은 것, 무슬림의 신성한 이름들을 불경스런 공간의 지명으로 사용한 것 등이에요. 그런데 호미 바바는 이와 같이 신성모독적인 요소야말로 혼종성의 실례라고 강하게 말하지요.

신성모독이란 뭔가요? 종교적 정통성에 대해 이단적인 언행을 하는 거지요. 그런데 혼종성이란 상이한 문화 간의 갈등을 가리키잖아요. 결국 혼종성은 일종의 문화적 이단이지요. 루시디는 무슬림의 성경인 쿠란의 순수성을 훼손함으로써 쿠란의 권위를 전복시켜요. 쿠란의 권위를 전복시키면서 신성모독의 꿈을 꾸는 거지요. 마찬가지로 혼종성도 지배 문화의 권위를 전복시키면서 문화적 이단이라는 신성모독의 꿈을 꾸는 거지요.

지배 문화가 얼마나 견고한지 알지요? 고급문화가 대중문화를 경멸하는 걸 보면 알잖아요. 지배 문화는 항상 자기와 다른 문화 사이에 첨예한 선을 긋고 있어요. 혼종성이라는 이단은 그 첨예한 선을 지우려고 하지요. 그 선이 우연히 만들어진 것이고 고정적이지 않다는 점을 폭로하는 거지요.

그래서 혼종성은 순수성의 신화를 무너뜨리면서 각 문화가 차이 속에서 어떻게 접촉하고 변화하는지 더 잘 드러낼 수 있어요. 『악마의 시』는 식민 시대 이후 문화적 이주와 이산이 활발한 시절을 배경으로 해요. 그러니 여러 문화들이 어떻게 접촉하고 변형되는지를 보여주고 있어요. 식민 시대 이후에 기독교 문화인 영국에 힌두와 무슬림 들이 많이 이주했잖아요. 영국에서 자기들의 전통이 고스란히 유지되는 건 있을 수가 없지요. 쿠란과 같은 전통적인 것들도 새로운 의미를 가지게 되는 거예요. 루시디는 바로 문화적 접촉에서 혼종이 일어날 수밖에 없다는 점을 지적하고 있어요. 그런데 전통이 영원해야 한다고 믿는 사람들에게는 접촉과 변화가 모두 두렵지 않겠어요? 결국 이단이니 신성모독이니 떠들면서 대항하는 거지요.

탈 선생 : 혼종성은 문화적 이단이라는 말이 아주 강렬하게 들립니다. 혼종성이 뭔가 일을 낼 것만 같습니다만.

그런데 앞에서도 비슷한 내용이 언급되었는데, 혼종성이 정말 유효하게 작동할 수 있을까요? 혼종성을 통해 탈식민화가 가능할까요? 많은 학자들은 이 점에 대해서 비관적으로 보고 있습니다. 브레드는 어떻게 생각하죠?『빌러브드』의 연장선상에서 답변 좀 부탁합니다.

브레드 : 저도 혼종성이 식민주의의 과거를 청산하는 데 확실하게 긍정적인 역할을 하는지 잘 모르겠어요. 초기에 인종적 혼혈이라는 것이 조롱의 대상이었다면, 문화적 혼종은 호미 바바에 의해 저항의 수단으로 승격되죠. 그럼에도 혼종성에 과연 저항이라는 꼬리표를 붙일 수 있는지

의구심이 드는 건 사실이에요.

제가 『빌러브드』에서 세 여주인공의 시간이 혼종된다고 말한 거 기억나죠? 망각된 시간을 다시 불러와야만 상처의 치유와 화해가 가능하다는 이야기였죠. 대표적으로 죽은 딸인 빌러브드가 죽은 과거로부터 현재에 되살아오는 것이 시간의 혼종이에요.

호미 바바도 시간의 중요성을 항상 언급해요. 제국주의나 식민주의의 시간은 직선적이고 진보적이죠. 서구의 근대성을 완성하기 위해 거기에 방해가 되는 비서구의 시간을 배제하고 망각하는 거예요. 옆에서 흐르는 시간 같은 건 신경 쓰지도 않고 곧바로 나아가기만 하죠. 반면에 문화적 혼종의 관점에서 시간은 복합적이고 반복적이죠. 지배자의 시간과 별도로 피지배자의 시간이 있었음을 상기시키기 위해서지요. 시간의 혼종은 이처럼 지배자가 마치 아무 일도 없이 평온하게 시간이 흘렀다고 착각하는 것을 고발하는 장치인 셈이죠. 『빌러브드』에서 딸 빌러브드가 죽은 과거로부터 현재에 되살아오는 것도, 엄마 세드의 평온한 시간이 과거의 고통스런 시간을 망각함으로써 가능하다는 점을 상기시키기 위해서인 거죠. 이런 점에서 『빌러브드』의 혼종성은, 말해지지 않은 이야기를 다시 말하게끔 하고 쓰이지 않은 역사를 다시 쓰게끔 하기 때문에, 탈식민화에 유효하다고 생각해요.

● 시간은 직선적이지 않고 복합적인 것이다

산지브가 말했듯이 혼종성은 약자인 피지배자가 사용할 수 있는 전략이라는 점에서 저항의 수단인 것은 맞아요. 지배적인 담론을 뒤흔들기 위해 의도적으로 혼종성을 드러내고 또 끌어들이니까요. 지배자가 피지배자의 말을 완전히 무시하고 자기의 말만이 진리라고 말할 때, 혼종성은 지배자의 말을 뒤흔듦으로써 지배자의 의도를 좌절시키는 거죠. 그러니 적극적인 저항이라고 말할 수도 있지요. 어느 곳에서나 1%의 지배층이 모든 걸 좌지우지한다고 쳐요. 이때 혼종성은 그 1%와 나머지 99%를 나누는 경계선을 뒤흔들어 버리죠. 그렇게 되면 차별화를 시도하는 그 1%가 하는 말이나 나머지 99%가 하는 말이나 별 차이가 없게 되므로, 지배층의 차별화 시도는 실패라고 볼 수 있는 거예요.

탈 선생 : 오, 대학생의 신분으로 이 정도의 답변을 한 건 아주 대단하다고 생각합니다. 혼종성이 적극적인 저항일 수 있다는 측면을 잘 부각시켜 주었습니다.

그래요. 오늘 4명의 학생들이 아주 자연스러운 방식으로 또 핵심만을 잘 짚어가면서 좋은 발표를 해 주었습니다. 모두 고맙습니다. 수업 시간을 고려해서 4명의 논의는 여기서 마칠까 합니다. 남은 시간 동안에는 여러분이 이 발표자들에게 질문을 하는 게 좋겠습니다. 질문을 할 때 혹시 특정 학생의 답변을 듣고 싶다면 직접 말하도록 해요. 그럼, 질문 있는 사람은 손을 들기 바랍니다. 통역은 제가 할게요. (손가락으로 객석의 한 쪽의 가리키며) 네, 저쪽에 빨간 옷 입은 여학생! (이하, 질문자들의 목소리만 들린다)

혼종성이 저항의 수단일 수 있을까?

질문자1 : 네, 저는 캐서린에게 묻고 싶어요. 오늘 캐서린이 주로 말한 것은 식민 지배자의 자기분열과 관련된 양가성이었잖아요. 그런데 오늘 주제는 양가성이 아니라 혼종성인데, 이 두 개념을 보다 분명하게 구분해 주었으면 좋겠네요. 두 개념이 관련이 있어 보이기는 한데, 과연 어느 정도 관련이 있는지 궁금하네요.

캐서린 : 음, 저도 약간 어려운 부분이긴 해요. 하지만… 음, 일단 양가성은 이럴 거예요. 힘이 약한 자가 없이는 힘이 강한 자도 있을 수 없잖아요. 마치 추한 것이 없이는 아름다운 것도 있을 수 없듯이 말이에요. 마찬가지로 식민 피지배자가 없이는 지배자도 있을 수 없는데, 그 피지배자를 인정하는 것도 문제고 인정하지 않는 것도 문제가 되니, 지배자는 대부분 자기분열을 겪을 수밖에 없다는 거죠. 이 분열이 바로 양가적이에요. 분열된 지배자에게 피지배자는 한편으로 마음에 들고 다른 한편으로 마음에 들지 않는 그런 양가적인 상대죠.

식민 시대의 텍스트들을 잘 들여다보면, 식민 지배자의 자기 모순적 상태인 양가성이 절묘하게 숨어 있어요. 호미 바바는 바로 이러한 양가성을 밝혀냄으로써 식민주의 담론의 자기모순을 폭로하려는 거죠. 그리고 그는 혼종성을 드러냄으로써 식민주의 담론의 통일성을 해체하고 식민주의 지배 전략의 허구성을 폭로하려는 거죠.

이 경우에 양가성이 어떻게 혼종성으로 나아가는지는 제가 앞에서 설명을 했었지요. 결국 식민 지배자가 분열됨으로써 양가성이 먼저 발생하고, 그 결과로 피지배자의 혼종성이 등장하게 되죠. 물론 피지배자의 혼종성이 등장하게 되면, 지배자의 양가성은 더 심해지고 피지배자 역시 양가적인 태도를 가질 거예요. 양가성과 혼종성은 이처럼 순환적이라고 말할 수도 있죠. 요컨대, A와 B가 견고하게 분리되어 있다면 혼종성이 불가능하잖아요. 적어도 힘 있는 하나가 분열을 겪어야만 둘 사이의 경계가 느슨해지면서 혼종성이 생길 여지가 만들어질 수 있을 거예요. 음, 그래요. 양가성과 혼종성은 동전의 앞뒷면과 같이 떼려야 뗄 수 없는 관계인 셈이죠. (이때 객석에서 다른 학생의 '보충 질문 있습니다!'라는 목소리가 들리자, 탈 선생이 말하라는 제스처를 취한다)

질문자2 : 식민 지배자가 양가적으로 분열된다는 건 이해할 수 있어요. 흑인 어른을 바라보던 백인 소년의 두려움에서 알 수 있었잖아요. 그렇다면 식민 피지배자 또한 양가성을 가질 수 있지 않을까요? 왜 굳이 피지배자에게는 양가성이라는 말 대신에 혼종성이라는 말을 사용하는 거죠?

탈 선생 : 백인 소년의 예시를 제가 보여주었으니, 이 질문에는 제가 답하는 게 좋겠습니다.

사실 호미 바바는 주로 지배자의 양가적 자기분열만 말할 뿐 피지배자의 경우를 거의 말하지 않습니다. 말하더라도, 지배자의 눈에 비쳐진 피지배자의 양가성만 말할 뿐입니다. 즉 피지배자는 충실한 하인이 될 수 있는 동시에 무서운 폭도가 될 수 있다고 지배자의 눈에 비쳐지는 것입니다. 이렇게 생각해볼 수 있습니다. 식민주의 담론이란 식민 지배자가 만든 것이니, 그 담론을 뒤흔들기 위해서는 지배자의 양가적 분열을 이야기하는 것만으로도 충분하지 않겠습니까. 지배자의 분열만 폭로하더라도, 괜찮은 척하는 식민주의 담론에 균열을 가함으로써 본래의 목적을 달성할 수 있을 것입니다.

아무튼 지배자의 양가성은 피지배자의 혼종성을 낳습니다. 지배자가 이중적이고 양가적인 요구를 하니, 피지배자는 오직 부분적으로만 지배자를 닮으려고 합니다. 이를 부분적인 모방 또는 혼종이라고 말합니다. 그리고 이 피지배자의 혼종성을 굳이 피지배자의 양가성이라고 부른다고 해도 크게 문제가 되지는 않을 겁니다.

혼종 즉 부분적 모방 그 자체는 양가적입니다. 왜냐하면 모방으로서의 복사본이란 원본과 거의 똑같은 동시에 완전히 똑같지는 않기 때문입니다. 예를 들어 영국 식민 시절에 인도 엘리트가 영국에서 교육을 받고 인도로 되돌아와 지도층이 된 경우를 봅시다. 그는 영어를 쓰고 영국 신사 흉내를 내고 영국적인 삶의 방식을 따르려고 합니다. 하지만 그는 영국인과 거의 똑같지만 동시에 완전히 똑같을 수는 없습니다. 바로 이 '동시에'가 부분적인 모방 즉 혼종을 가리킵니다. 또한 이 '동시에'는 이중성 즉 양가성을 가리킨다고도 볼 수 있습니다.

그런데 호미 바바는 왜 굳이 피지배자의 경우에 혼종성이라는 말을 쓸까요? 양가성은 지배자의 분열적 상태를, 혼종성은 피지배자의 저항 전략을 각각 가리키기 때문입니다. 더 나아가 탈식민화라는 목적을 달성하는 데 양가성과 혼종성은 각각 나름대로의 역할을 가지기 때문입니다. 방금 전에 캐서린이 양가성과 혼종성의 그 역할을 잘 구분해 주었었습니다.

답변이 되었는지는 모르겠군요. 네, 그렇다면 다음 질문을 받도록 하겠습니다. 저 뒤쪽에서 손을 든 남학생!

질문자3 : 아, 저는 본질주의 비판이라는 부분이 매우 인상 깊었어요. 제가 정신분석학에 관심이 좀 있어서, 라캉의 저서를 꽤 많이 읽었거든요. 그래서 질문하는 건데, 본질주의 비판이 라캉에서 나온 게 아닌가 하는 생각이에요. 확실하지는 않아요. 뜬금없는 질문이지만, 누구 아는 분이 있으면 설명 좀 부탁해요.

탈 선생 : 누가 대답할 건가요? 탈식민주의 연구자들이 행하는 본질주의 비판과 정신분석학자인 라캉과의 관련을 설명해 줄 사람은?

김소영 : 제가 그 부분을 언급했으니까 제가 아는 대로 말할게요. 결론부터 말하자면, 라캉과의 관련성이 확실히 있을

거예요. 아마 거울단계인가요? 어린아이가 자신이 상상하는 모습과 거울에 비친 실제의 모습을 서로 비교하면서 정체성을 형성한다는 이야기죠. 만약 상상한 모습만을 가진 채로 거울에 비친 모습을 거부한다면, 어린아이는 어떻게 되겠어요? 현실을 못 보고 자신이 상상한 세계에만 빠진 나르시시스트가 되겠죠. 여기서 거울이란 바로 타자를 이야기한다고 볼 수 있어요. 거울에 비친 자신을 바라보아야 하듯이, 타자에게 비친 자신의 모습을 참고해야만 자신의 정체성이 올바르게 형성된다는 거죠.

(잠시 뜸을 들이다가) 탈식민주의에서도 마찬가지죠. 민족, 인종, 문화, 성 등의 정체성은 타자와의 관계 속에서 형성될 뿐이에요. 타자가 없으면 자기도 구성될 수 없다는 거지요. 식민 피지배자가 없으면 식민 지배자의 정체성도 구성될 수 없어요. 그럼에도 타자와 무관하게 자기만의 독특한 정체성이 본래부터 존재한다고 생각하는 것이 본질주의 입장이죠. 그래서 본질주의자는 주로 편집증이나 나르시시즘에 빠진다고 비판받는 거예요. 이런 점에서 탈식민주의의 본질주의 비판이 라캉으로부터 영향 받지 않았을까요?

탈 선생 : 네, 좋은 답변입니다. 자, 이제 강의가 끝날 시간이 다 되어 갑니다. 이제 혼종성에 관한 질문을 좀 받았으면 합니다. 질문할 사람은? (짧은 침묵 후) 아, 여기 남학생, 질

문해 보아요!

질문자4 : 간단한 질문입니다. (목기침 소리를 내며) 제 생각에는 오늘날 문화적 혼종의 이름으로 생산되는 것들이 상업화되고 또 거대자본에 의해 이용당하고 있는 것 같아요. 탈식민주의가 자본주의와 분명히 대립노선을 걸을 텐데, 혼종성이 자본주의에 봉사한다는 건 자기모순이 아닐까요?

탈 선생 : 오, 굉장한 질문인데요. 누구 답변할 수 있는 사람?

브레드 : 네, 혼종성이 자본주의를 첨병으로 내세우는 신식민주의에 봉사하고 신식민주의와 공모한다는 점은 자주 지적되고 있지요. 맥도널드나 코카콜라와 같은 거대자본이 자기 상품을 더 잘 팔기 위해 내세우는 전략도 문화적 혼종이니까요. 그러니 문화적 혼종성이 자본주의를 더 심화시킨다는 것도 맞는 말이에요. 힘이 약한 측에서 혼종성을 이용하여 힘이 강한 측을 교란시키려고 하는데, 그 반대로 강한 측이 혼종성을 이용하여 약한 측을 더 잘 지배할 수도 있다는 거죠.

그럼에도 호미 바바의 혼종성은 저러한 혼종성과는 좀 차별화되지 않을까요? 그는 내용적인 갈등과 교섭이 없이 오직 공존하는 모양새만 보이는 저러한 혼종성을 거부하지요. 저 혼종성은 한 문화의 열등함을 전제함으로써 오히려 지배 논리를 더욱 강화하고 말죠. 반면에 바바의 혼종성은 지배 논리를 해체하고 거부하는 매우 적극적인 저항의 수단이라고 볼 수 있어요.

질문자4 : 그렇게 한껏 양보를 한다고 해도, 혼종성이 현장에서 적용될 가능성은 낮아 보이는 걸요. (목기침 소리)

먼저 과거 역사를 보죠. 세계적으로 식민지 독립 운동의 주도세력은 대개 민족주의자였거든요. 민족주의자란 결국 혼종성보다는 순수성을 더 강조하는 사람들이죠. 순수성을 바탕으로 하는 이데올로기를 내세워야 사람들이 더 잘 뭉칠 수 있으니까요. 식민 피지배자에게는 순수성만이 현실적인 저항 수단일 뿐, 혼종성은 결코 아무런 도움이 되지 않았을 걸요.

마찬가지로 현재의 사례를 봐요. 이스라엘과 팔레스타인의 경우에 피지배자는 팔레스타인이에요. 팔레스타인 사람들에게 혼종성이라는 저항 수단을 알려주는 게 무슨 도움이 될까요? (또 목기침 소리) 거의 일방적으로 당하고 있는데 문화적 혼종과 같은 방식이 어디 통하겠어요! 저도 혼종성의 장점을 알고 있지만, 현장에 적용하기 힘든 연구실의 이론이라는 생각이 더 강하게 들어요.

탈 선생 : 네, 아주 좋은 지적입니다. 그럼에도 지배자와 피지배자의 관계, 지배와 피지배의 구조 자체를 무너뜨리기 위한 현실적인 방법으로 혼종성이 모종의 역할을 할 수도 있을 겁니다. 혼종성을 무의식적으로 의도 없이 실행하는 것이 아니라 의식적으로 정치적 의도와 함께 실행

한다면, 그 고착된 관계와 구조를 전복할 수도 있지 않을까요? 물론 제한적인 경우에만 가능성이 있다는 전제가 필요할 것입니다.

네, 그럼 이 정도로 질문과 응답을 마쳐야겠습니다. 수업 종료 시간이 이미 지났네요. 끝으로 4명의 발표자 가운데 한 사람에게 간단한 소감을 물어볼까요? 산지브가 한 마디 하는 게 어떻겠어요?

산지브 : 제게는 소감을 말하는 게 가장 어려운데요. 아무튼 호미 바바가 굉장히 어렵다는 걸 다시 한 번 말하고 싶어요. 아마 호미 바바의 혼종성을 문학작품으로써 분석한 것은 더 어렵지 않았나 싶어요. (몇몇의 웃음소리) 그걸 또 요약해서 집중적으로 말하려고 하니, 다른 3명의 발표자도 진땀을 흘렸을 거예요. (약간 더 큰 웃음소리)

이렇게 빨리 끝나니 좀 아쉽기도 하네요. 한국의 대학생들과 직접 만날 수 있는 기회를 가져서 매우 기뻐요. 탈 선생님께 고마운 마음을 전하고 싶네요. 여러분 모두 고마워요. 또 만날 수 있는 기회가 있기를 바랍니다.

탈 선생 : 자, 그럼 오늘 발표자로 참가해 준 4명의 학생에게 큰 박수를 부탁합니다. (탈 선생이 먼저 박수를 치자, 객석에서 큰 박수 소리가 나온다) 여러분, 오늘 열심히 들어주어서 고맙습니다. 세계적인 문학작품을 통해 혼종성이라는 탈식민주의의 중요 개념을 다각도로 살펴보았는데, 여러분에

게 큰 도움이 되었으면 하는 바람입니다. 그럼, 이상으로
호미 바바의 혼종성에 관한 수업을 마치겠습니다.

가야트리 스피박과 서발턴

서발턴, 침묵으로 말하다

진행방식 : 대담

대담자 : 탈 선생, 이 선생, 금희 학생, 은수 학생, 동석
　　　　 학생.

탈 선생 : 이번 시간에는 탈식민주의 논의에서 빠질 수 없는
중심인물인 스피박과 그녀의 비평에 핵심 용어인 서발턴
에 대해 알아보도록 하겠습니다. 그리고 오늘은 특별히
탈식민주의를 연구하고 계신 이 선생님을 모시고 '스피박
과 서발턴'이란 주제를 갖고 자유로운 대담 형식으로 진
행될 겁니다.

　　이 선생님을 어렵게 모신 만큼 학생 여러분들도 경청
해주시고, 특히 대담에 직접 참여하는 세 학생은 질문과

의견을 개진하시어 적극적으로 대담에 참여해주시기 바랍니다. 오늘 대담에 참여하는 세 학생은 탈식민주의 스터디 모임을 갖고 있는 학생들입니다. 학생들의 탈식민주의 스터디는 아직 초보 단계에 있으며, 학생에 따라 편차도 있습니다. 대담에 방해가 되지 않을까 우려스럽기도 하지만, 오히려 대담에 활력을 불어넣을 수도 있다고 생각해서 이 선생님께도 양해를 구했습니다. 이 대담은 무엇보다도 학생 여러분을 위한 대담이니까요.

그럼 대담을 진행하도록 하죠. 우선 오늘 대담에 참여하신 이 선생님을 소개합니다. 이 선생님은 탈식민주의 이론가로서 명성을 얻고 있는 분이시며 탈식민주의 활동가로서 현실 문제에도 적극적으로 개입하고 계십니다. 탈식민주의 이론과 실천은 따로 떼어서 생각할 수 없는 만큼, 이 선생님의 연구와 경험이 탈식민주의 논의를 더욱 풍부하게 할 겁니다. 이 선생님, 인사 말씀 하시지요.

이 선생 : 여러분, 만나서 반갑습니다. 제가 탈식민주의 연구와 활동에 참여하고 있지만 이렇게 대담 형식으로 탈식민주의 논의에 참여하기는 처음입니다. 논의가 어떻게 진행될지 약간 두렵기도 설레기도 합니다. 좋은 논의의 장이 되기를 기대합니다. 감사합니다.

스피박은 누구인가?

탈 선생 : 자, 그럼, 대담에
들어가도록 하죠. 한 사
상가의 개인사를 아는
것은 그 사상가의 사상
을 알 수 있는 중요한
요소가 됩니다. 그런 의
미에서 먼저 '스피박은
누구인가?'란 주제로 출
발해보도록 하죠. 이 선
생님께서 스피박의 이력
을 간략하게 소개해 주
시죠.

• 가야트리 차크라보르티 스피박

이 선생 : 예, 간단히 소개하겠습니다. 가야트리 차크라보르티
스피박은 영국의 인도 식민 통치 시기인 1942년 꼴까따
에서 태어났습니다. 영문학과 벵골문학 전공으로 꼴까따
대학을 졸업하고, 미국 코넬대에서 영문학 석사와 비교문
학 박사학위를 받았으며, 1991년부터 뉴욕의 컬럼비아대
비교문학과 교수로 재직 중입니다. 스피박은 1976년에 프
랑스 철학자 자크 데리다의 주저 『그라마톨로지에 대하
여』를 번역하고 서문을 달아 소개함으로써 학계에 두각

을 나타내기 시작합니다. 이후 첫 번째 저서 『다른 세상에서』를 비롯해 『교육기계 안의 바깥에서』, 『포스트식민이성 비판』, 『분과학문의 종말』, 『다른 여러 아시아들』 등과 같은 저서들의 출간을 통해 명실상부한 탈식민주의 이론의 대가가 됩니다.

탈 선생 : 덧붙여, 스피박의 학문적 활동의 내용에 대해서도 잠깐 소개하자면, 스피박의 탈식민주의 작업은 우리의 문학이나 문화 및 사유방식에 남아 있는 식민주의 유산에 대한 도전입니다. 특히 서구 지배문화의 주변부에 거주하는 독립국가 민중이나 노동자계급, 이주민, 여성 등 소수자집단의 해방과 자유를 위해 기존의 문학비평 및 강단철학의 학문적 풍토를 비판합니다. 이런 의미에서 스피박의 탈식민주의 비평은 자신의 전공인 문학에만 국한되는 것이 아니죠.

스피박의 작업은 해체론, 마르크스주의, 페미니즘, 포스트식민이론, 문화이론 등등을 관통하고 있습니다. 억압이 있는 어느 곳이나 스피박의 작업장이 된다고 볼 수 있죠. 또한 스피박은 학문적 활동뿐만 아니라 실천적인 활동가로서의 면모도 보여주고 있는데, 특히 전 지구적 자본주의 체제에 대항하는 운동의 일환으로 벵골아동교육에 투신하고 있지요. 흔히 스피박은 탈식민주의 비평가로서 알려져 있지만, 스피박의 학문적 관심과 실천적 운동에 비춰 볼 때 '페미니스트적 마르크스주의 해체론자'라는 명칭이 어울릴 것 같군요.

금희 : 저로서는 생소한 사상가인데, 소개하신 이력에 대해 궁금한 점이 있어요. 스피박의 국적은 어디인가요? 스피박은 인도인인가요, 미국인인가요? 스피박과 스피박의 사상에 대해 이해하려면 스피박의 정체성이 중요하다고 생각해요. 정체성에 따라 한 사람의 이론이나 활동 방향이 결정되는 경우가 많거든요.

탈 선생 : 예, 금희 학생의 의견에 따라 스피박의 정체성에 관해 논의해보는 것도 우리의 논의에 도움이 되리라 봅니다. 정체성 문제는 탈식민 상황을 이해하는 데 아주 중요한 계기이기도 합니다.

　　스피박은 인도인인가, 미국인인가? 아니면 인도계 미국인인가? 스피박은 제3세계 인도 정체성을 갖는가, 제1세계 미국 정체성을 갖는가? 스피박은 도대체 어디에 속하는 사람인가? 이 물음에 대해서는 이 선생님께서 대답을 해주시죠.

이 선생 : 예, 금희 학생이 말했듯이, 정체성 문제는 스피박 개인을 이해하고 스피박의 이론과 실천을 이해하는 데 결정적인 역할을 할 수 있습니다. 스피박의 사상을 논의하는 우리로서는 우선 스피박의 정체성을 이해할 필요가 있겠죠.

　　정체성은 자신이 처한 구체적 위치나 입장에서 파악됩니다. 우리는 언제나 자신이 발 딛고 선 어느 한 지점에서 세상을 볼 수밖에 없습니다. 자신이 서 있는 구체적인 장소가 곧 자신의 입장, 즉 정체성을 결정하지요. 자신의 특정한 위치를 벗어나 절대적인 혹은 객관적인 입장에서 세상을 봐라 볼 수 있는 자는, 신이 아닌 이상, 아무도 없습니다. 우리의 스피박 논의도 이 점을 기본으로 하여 진행되어야 할 겁니다.

탈 선생 : 스피박의 이력에 따르면, 스피박은 제3세계 식민지 인도 출신이지만, 서구 교육체계에서 교육을 받았을 뿐만 아니라 현재 서구 특히 유일 최강대국인 미국의 제도권 교육체계에 속하는 사람입니다. 그렇다면 스피박의 정체성을 서구 지식인으로 봐야 할 것 같은데, 은수 학생의 생각은 어떻습니까?

은수 : 예, 스피박의 교육과정이나 학문경력은 서구적 시스템에 의해 진행된 것 같아요. 한 사람의 정체성은 그 사람의 성장 배경이나 의식에 의해 좌우되는 경우가 흔한데, 그렇다면 스피박은 서구적 교육체계를 통한 의식을 가진 서구 지식인으로 봐야 할 것 같아요.

　　그런데 스피박의 정체성을 놓고 볼 때 탈식민주의 비평가로서 스피박의 작업은 다소 문제가 있는 것 같아요. 이 선생님께서 지적하셨듯이 자신이 처한 위치가 자신의 정체성과 입장을 결정한다면 서구 지식인으로서 스피박은 서구의 정체성을 갖고 서구적 입장에서 탈식민주의를 논의하게 될 것이 분명해요. 그렇다면 저는 스피박의 사상적 입장에 동의할 수 없을 것 같아요. 말하자면 식민지를 수탈한 가해자의 입장에서 피식민 피해자의 심정을 헤아린다는 것은 다소 문제가 있지 않을까요? 누구나 자신의 입장을 벗어나서 생각할 수 없다면 말이죠.

탈 선생 : 은수 학생이 우리의 논의 자체를 부정하거나 무의미하게 할 수 있는 심각한 문제제기를 해주었는데, 탈식민주의 이론가로서 이 선생님의 견해는 어떻습니까? 방금 은수 학생의 의견에 동의하시는지요? 은수 학생의 의견에 동의하신다면 스피박의 사상은 기만적이고 자기패배적일 수밖에 없는데, 탈식민주의를 연구하시는 이 선생님 입장에서는 당혹스러울 것 같습니다. 어떻습니까?

이 선생 : 예, 은수 학생의 의견대로라면 스피박은 탈식민주의 사상가가 아니라 탈식민의 탈을 쓴 식민주의 사상가로 봐야겠지요. 그러나 스피박의 정체성이 은수 학생의 이해를 벗어난다면 스피박에게 씌워진 누명이 벗겨지겠지요.

스피박에 있어서, 어떤 행위자의 정체성 해명은 단순히 그 행위자가 처한 구체성 상황이나 입장을 파악하려는 것만이 아니라, 예를 들어, 개인마다 독특하게 차이나는 특수한 역사를 민족이나 집단 전체의 보편적인 역사에 종속시키거나 고정된 단일 정체성에 귀속시키는 동일성의 역사에 대한 비판을 의미하기도 합니다. 따라서 개인의 정체성은 하나의 단일하고 언제나 동일한 성질을 갖는 것이 아니라 개인이 처해 있는 상대적이고 구체적인 상황에 따라 상이한 복수의 성질을 갖고 있다는 겁니다.

탈 선생 : 그럼, 스피박 자신은 과연 어떤 정체성을 갖고 있을까요? 은수 학생이 말했듯이, 스피박이 분명 서구의 교육체계를 통해 공부하고 서구의 교육제도에서 활동하고 있는 서구 지식인으로서의 정체성을 갖고 있다는 것은 주지의 사실인 것 같은데, 어떻게 생각하십니까?

이 선생 : 스피박이 서구 교육체계에 위치한 정체성을 갖는다는 것은 부정할 수 없지요. 하지만 이러한 정체성 규정은 스피박이 걸쳐 있는 여러 위치 중 일면만을 비추고 있을 따름입니다. 은수 학생이 제기한 스피박에 대한 우려는 스피박이 갖는 복잡하게 얽힌 위치와 입장 들을 간과하기 때문에 발생합니다. 결론적으로 말해, 스피박은 다양한 정체성을 갖고 있습니다. 한 가지 사항만 부각시켜 스피박이 가진 여타의 특성들을 무시하거나 배제하는 것은 스피박을 박제로 만드는 것과 같습니다.

크게 보자면, 스피박은 제3세계 식민지 인도 출신이면서, 그러나 혹은 동시에, 서구 지식인입니다. 이런 스피박의 위치를 좀더 세분화하면, 스피박의 정체성은 매우 복잡하고 혼종적이기까지 합니다. 스피박은 제3세계 식민지 인도 출신이지만 서구 지식인 엘리트에 속하고, 중심부 제1세계 지식인에 속하지만 제3세계 출신이란 이유로 주변부에 속하고, 제1세계에 속해 활동하지만 제3세계에 관심을 갖고 있고, 제도권 교육체계 안에 속하지만 그 바깥을 얘기하고, 가부장적 남성 중심주의 사회에 살지만 페미니스트 여성이고 등등의 다양한, 심지어는 상반되는 정체성을 갖고 있다고 말할 수 있겠죠.

탈 선생 : 예, 방금 이 선생님 말씀에 덧붙여 제가 끼어든다면, 스피박은 물론이고 어느 누구의 정체성도 단 하나의 잣대로만 규정될 수는 없을 겁니다. 또한 스피박의 이런 다중적 위치는 스피박 자신의 학문적 관심에서도 두드러지죠. 스피박의 비평 작업은 문학 비평에서 식민 시대 이후의 탈식민 상황 비평, 페미니즘 비평, 전 지구화에 따른 국제적 노동분업 비평으로까지 확장되는 방대한 범위를 포함하고 있을 뿐만 아니라, 페미니즘, 마르크스주의, 해체론 등등의 다양한 이론에 동시에 개입하고 있죠.

이런 점에서 스피박은 자신의 학문적 정체성으로나 개인적, 사회적 정체성으로나 여러 정체성들의 안과 밖에 동시에 거주하는 경계인이라고 봐야 할 겁니다. 경계인으로서 스피박은 특정 정체성에 매몰되지 않기 위해 항상 자신의 위치를 끊임없이 비판적으로 성찰하고자 하죠.

동석 : 그런데 탈 선생님과 이 선생님 말씀대로라면 오히려 더 혼란스러울 것 같아요. 한 사람의 정체성이 명확하게 확립되지 않고 다중적이고 심지어 상반되기까지 하다면, 우리의 삶이 혼란스럽지 않겠어요? 우리는 과연 우리 자신을 어떻게 규정할 수 있을까요 혹은 다른 사람을 어떻게 대해야 할까요? 뭔가 나 자신이라고 규정할 수 있는 항상 동일한 정체성이 있어야 하지 않을까요? 다른 사람에게 나 자신을 소개할 때도 '나는 누구입니다'라고 분명하게 말하지 않는다면 상대방이 혼란스러워하거나 나 자신을 오해할 수 있지 않겠어요? 내가 누구라고 분명히 말해야 하는 상황에서 내가 누구인지 모르겠다거나 내가 누구누구라고 나열만 한다면 이보다 더 자가당착적인 일이 어디 있겠어요?

이런 상황을 모면하려면 정체성은 나 자신을 위해서나 상대방을 위해서나 명확하게 규정되어야 한다고 생각합니다. 특히 구체적인 행동을 실행에 옮겨야 하는 실천적인 측면에

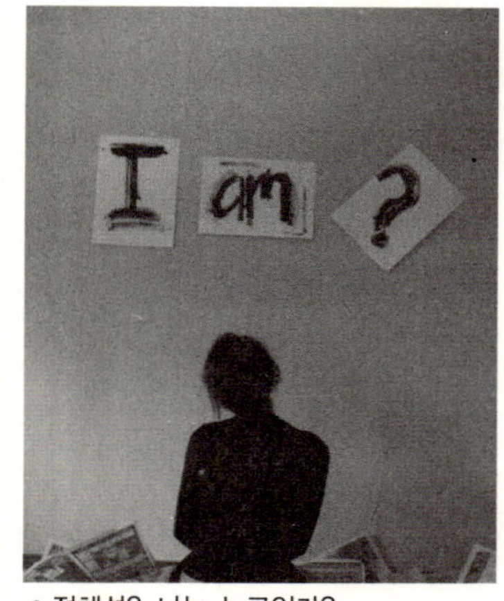

● 정체성? 나는 누구인가?

서는 분명한 자기 확신과 단호하고 일관된 정체성을 유
지해야만 식민주의 잔재나 신식민주의적 상황에 저항할
수 있다고 봐요.

　정체성의 혼란은 오히려 식민주의의 정체와 책임을 모
호하게 만들어 식민주의의 잔재를 유지하고 확장시키는
데 일조할 수 있기에 더욱 위험할 수 있어요. 옛말에 지
피지기면 백전백승이라고 했어요. 그러나 나의 정체성도
모르고 적의 정체성도 모른다면 어찌 적과 싸워 이길 수
있다는 말인가요?

탈 선생 : 물론 동석 학생의 한숨 섞인 반론도 한편으론 타당
하다고 봐요. 우리는 세계가 무엇인가에 대해 혹은 나 자
신이나 타인이 누구인가에 대해 명확하게 알려고 하는
경향이 있어요. 그리고 이런 앎에 대한 경향이 우리의 삶
을 지탱하고 우리의 문화를 꽃 피워온 것도 사실이죠. 삶
과 문화를 유지하고 발전시키기 위해서는 세계 혹은 나
자신이나 타인의 정체성이 명확하게 확립되어야 한다는
전제가 반드시 충족되어야 하죠. 그렇지 않다면 세상은
혼란스럽고 우리의 삶과 문화도 허물어지겠죠.

　그러나 정체성 물음에 있어 우리가 문제 삼아야 할 것
은 특정한 삶의 여건 하에서 정체성을 명확하게 확립하
는 것 자체에 있는 것이 아니라, 그 정체성을 고정 불변
하고 단일한 정체성으로 규정하는 것에 있습니다. 스피박

의 경우 스피박의 정체성을 단지 서구 지식인으로만 단일하게 규정하는 것은 스피박의 여타 생생한 삶의 방식들에 대한 억압으로 다가갈 수 있습니다. 과연 인간의 삶 전체를 단 하나의 정체성으로 규정할 수 있을까요? 정체성 문제는 이것 아니면 저것이라는 식의 양자택일의 문제가 아니라 삶 전체를 바라봐야 할 문젭니다. 이 선생님께서 좀 더 쉽게 설명해주실 수 있으신지요?

이 선생 : 예, 동석 학생의 이해를 돕기 위해 탈 선생님의 말씀을 구체적으로 제 자신을 예로 들어 설명해보도록 하죠. 저 또한 제 정체성에 대해 생각해 볼 때, 하나의 정체성만으로는 저를 규정할 수 없을 것 같아요. 저는 이 자리에서 탈식민주의 이론가라고 불리지만 이 명칭만으로는 저를 온전히 드러내거나 규정할 수 있다고 생각하지는 않아요. 저를 하나의 정체성을 갖는 누구라고 규정하는 순간 저는 그 규정 속에 얽매이게 되죠. 사실 저는 여러 얼굴을 갖고 있는데 말이에요. 저는 누군가의 자식이자 누군가의 아버지이고, 누군가의 형이자 누군가의 동생이며, 학생들을 가르치는 교수이자 요즘 재미 들이고 있는 전통 가옥 만들기 학교에서는 학생이기도 합니다. 교수로서 저와 학생으로서 저는 상반되기까지 합니다.

이런 다양한 제 모습들 중에서 과연 저는 누구라고 말할 수 있을까요? 저를 하나의 정체성으로 규정하는 문제

는 결코 쉽지 않은 문젭니다. 아니 어쩌면 불가능한 일인
지도 모르죠. 저는 여러 모습을 가진 전체로서의 저이기
때문입니다. 그렇다면 저를 하나의 고정된 정체성으로 파
악할 것이 아니라 다양하고 구체적인 상황에서 제 자신
을 열어 놓는 것이 저를 더욱 자유롭게 하지는 않을까요?
그렇다고 저의 여러 정체성 하나하나를 부정한다는 것은
아닙니다. 그것들 하나하나를 부정한다는 것은 제 자신을
부정하는 꼴이 되니까요. 다만 그것들 중 단 하나의 정체
성 혹은 특정 정체성들로만 저 자신을 규정할 것이 아니
라, 그들 정체성 모두를 살펴봐야 한다는 겁니다.

동석 : 아직 이론적으로 명확하게 이해되지는 않지만, 이 선생
님 말씀을 듣고 보니 그런 것 같기는 하네요. 인간이 자
유를 향한 존재라면 하나의 고정불변한 정체성을 고집하
기보다 어떠한 구체적 상황이든 상황에 맞게 생각하고
행동하는 것이 오히려 인간의 자유와 해방을 위해 좋을
것 같아요. 하나의 완고한 정체성을 고집하다 보면 생각
의 폭과 다른 사람들과의 공유의 장이 좁아지고, 오히려
나쁜 결과를 가져오는 경우도 있는 것 같아요. 탈 선생님
과 이 선생님 말씀에 따라 제 정체성도 다시 생각해 봐야
할 것 같아요.

탈 선생 : 스피박의 정체성에 대한 논의는 이 정도로 마무리하
도록 합시다. 정체성 문제는 단순한 문제가 아니긴 하지

만 대담을 하면서 스피박의 정체성에 대한 논의에서 출발해 우리 자신의 정체성에 대한 논의로까지 나아간 점은 정체성 문제에 대한 우리의 이해에 큰 도움이 되었으리라 생각합니다.

서발턴은 누구인가?

탈 선생 : 이제 스피박의 탈식민주의 비평을 구체적으로 논의해보도록 합시다. 앞서 언급되었듯이 스피박의 이론적 관심과 작업은 다양한 분야에 속하고 또 서로 중첩적으로 연결되어 있는 경우가 대부분입니다. 이 자리에서 그 모든 관심과 작업을 다 다룰 수는 없을 겁니다.

이 자리에서는 스피박 하면 생각나는 대표적인 개념인 서발턴을 중심으로 다루어 보겠습니다. 스피박의 이론적 실천적 작업의 궁극적인 목표는 서발턴의 해방에 있는 만큼, 스피박의 서발턴 개념에 대한 논의만으로도 스피박의 사상에 접근할 수 있으리라 봅니다.

금희 : 서발턴이란 개념도 제게는 아주 생소한 개념인데, 탈 선생님께서 우선 서발턴에 대한 개념을 정의해 주셨으면 합니다. 그리고 서발턴을 우리말로는 정확하게 어떻게 번역할 수 있을까요? 외국 언어라 더 어려운 것 같아요.

탈 선생 : 앞서 정체성 문제에서도 그렇지만 서발턴이란 개념을 명확하게 규정한다는 것도 불가능할 듯합니다. 정체성처럼 어떤 하나의 집단이나 범주로 규정될 수 없기 때문입니다. 스피박은 서발턴을 기존의 지배 담론들에서 배제된 피식민지인, 이민자, 노동자, 소수자, 여성 등 종속적 처지나 주변부에 놓여 있는 사람들을 포괄하는 용어로 사용합니다. 따라서 우리말로 '하위주체' '하위계급' '하층민' 등으로 번역되고 있습니다. 물론 이런 번역어도 불명확하기는 마찬가지죠.

개념을 이해하려면 우선 그 개념이 발생하게 된 배경이나 맥락을 살펴보아야 할 겁니다. 이 점에 대해서는 전문가이신 이 선생님께서 말씀해주시죠. 제가 괜히 공자 앞에서 문자 쓰는 우를 범할 것 같군요.

이 선생 : 아뇨. 별 말씀을 다하십니다. 탈 선생님께서 스피박 연구에 관심이 많으시지 않습니까? 그럼, 초대받은 손님으로 대우해 주신다고 생각하고 부족하나마 소개해보도록 하죠.

서발턴은 원래 영국 군대 내의 하급 장교를 가리키는 말이었지만, 스피박이 사용하는 의미의 서발턴은 이탈리아 마르크스주의 사상가 안토니오 그람시와 인도의 역사학자 모임인 <서발턴연구집단>에 기초하고 있습니다.

그람시는 마르크스주의의 노동자계급 중심의 혁명론이

● 이탈리아의 마르크스-레닌주의 이론가
이자 노동운동 지도자였던 안토니오
그람시

당시 이탈리아 상황과 맞지 않다는 문제의식에서 출발해 노동자계급을 대신할 서발턴이란 개념을 처음 사용합니다. 마르크스주의 혁명론은 도시의 공장 노동자계급이 생산 활동의 중심이 되는 자본주의 단계에서 성립하는데, 당시의 이탈리아 상황은, 특히 이탈리아 남부는 여전히 봉건적 경제관계에서 벗어나지 못하는 시골 농민계급이 주축을 이루고 있었습니다. 마르크스주의 혁명론이 착취당하는 노동자계급의 해방을 통한 인간 해방을 목적으로 하지만, 당시 이탈리아 상황은 자본주의 공업체계의 노동자계급이 봉건 농업체계의 농민계급을 희생시키고 종속시키는 역설이 발생하게 됩니다. 이런 문제의식을 통해 그람시는 노동자계급을 대신할 새로운 혁명 세력으로서, 지배 계급에 예속된 모든 피억압계급을 아우를 서발턴을 내세우게 됩니다.

인도의 역사학자 모임인 <서발턴연구집단>은 그람시가 정의한 서발턴의 조건을 확장하여, 서발턴을 계급, 카스트, 나이, 젠더, 직위 혹은 다른 어떤 방식이든, 인도 사

회에 일반적으로 나타나
는 종속의 특성으로 정
의합니다. 그래서 기존
의 식민주의 역사관이나
식민종주국에 공모하는
엘리트 지배집단의 역사
기록에서 배제된 피식민
혹은 피억압 민중들의
역사를 재현하기 위해
서발턴 개념을 사용하
죠. 지배 엘리트 집단을

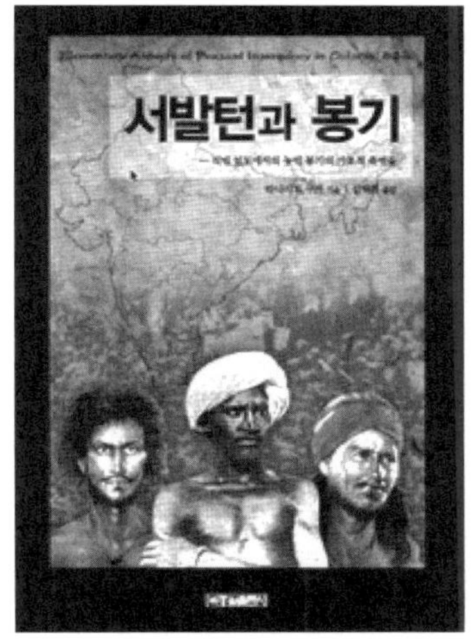

●『서발턴연구집단』의 중심 인물인 라
나지트 구하의 저작

제외한 모든 인도인이 서발턴이 되는 겁니다.

은수 : 그런데 당시 이탈리아 농민계급은 노동자계급같이 정
치조직이나 계급의식을 갖고 있지 않았나요? 노동자계급
이 같은 피억압계급인 농민계급을 왜 종속시키는지 잘
이해가 되지 않는군요? 서로 단결해서 적대적인 착취계급
에 저항했어야 하지 않나요?

이 선생 : 그랬으면 문제가 쉬웠을 텐데, 그러질 못했어요. 그
람시가 주목한 지점도 바로 여깁니다. 그람시에 따르면
문제는 바로 지배계급과 피지배계급인 서발턴이 서로 적
대적인 관계로 완전히 분리되지 않는다는 데 있습니다.
정통 마르크스주의는 지배계급 즉 자본가계급과 피지배

계급 즉 노동자계급이 그 경제적 조건의 차이로 인해 서로 완전히 분리된 당파성 의식을 가지고 적대적인 관계를 유지한다고 보았으나, 그람시는 지배계급의 의식, 문화, 제도, 언어가 끊임없이 피지배계급을 규정하고, 이런 지배는 피지배계급의 동의에 의해 이루어진다는 헤게모니 개념을 제시합니다.

헤게모니란 지배계급의 문화와 언어에의 종속, 즉 지배계급의 이익이 모든 계급의 이익이라고 믿게 하는 지배계급의 이데올로기가 가진 설득력을 의미합니다. 농민계급은 지배계급의 헤게모니에 장악되어 있을 뿐만 아니라, 지배 부르주아계급에 저항하는 노동자계급도 농민계급을 저항의 동반자로 보지 않고 낡은 과거의 산물로 취급하게 되었던 거죠. 농민계급과 노동자계급은 피착취계급이란 점에서는 정체성이 동일하지만 그들 사이에는 상당한 정도의 차이가 존재했죠. 정체성은 그렇게 간단하지가 않다는 거죠.

은수 : 그리고 한 가지 더 의문이 드는 것은……. 지배집단에게 억압받는 모든 피지배집단을 서발턴이라고 한다면 그 범위가 너무 넓은 것 같아요. 차라리 마르크스주의의 노동자계급처럼 단일한 계급 특성을 갖추고 있어야 이해가 쉬울 것 같은데, 서발턴이 구체적으로 어떤 사람이나 집단을 의미하는지 잘 모르겠어요. 누가 억압하는 자이고

누가 억압받는 자인지 분명해야 해방을 위한 기획을 올바로 세울 수 있지 않을까요? 이 점도 정체성처럼 어렵긴 마찬가지네요. 그래도 좀 더 쉽게 이해할 수 있도록 설명해주시죠. 이번엔 탈 선생님께 부탁드립니다.

탈 선생 : 예, 저도 설명하기가 어렵긴 하지만, 앞에서 논의한 정체성 문제의 연장선상에서 얘기해보도록 하죠. 지배집단도 마찬가지겠지만 피지배집단을 단일한 계급적 특성을 지닌 집단으로 규정하는 것은 한편으로는 그 집단에 대한 명확한 이해를 가져온다는 점에서 정당한 방식이기도 합니다. 그러나 다른 한편으로는 그 집단의 특성을 너무 단순화시키는 것은 오히려 그 집단의 여타의 특성을 배제하고 억압하는 결과를 초래할 수 있습니다. 문제는 한 집단이 그렇게 단순하게 형성되지 않는다는 것입니다.

예를 들어, 마르크스주의에서는 피지배계급이 노동자계급인데, 이 단일한 정체성을 지닌 노동자계급을 통해 인간의 해방에 이를 수 있다고 봅니다. 그런데 마르크스주의에서 노동자계급의 중심은 조직화된 남성노동자에 있습니다. 그러나 당시 서구산업사회에서 여성노동자나 가내수공업자, 아동노동도 큰 몫을 담당했습니다. 물론 지금도 제3세계 곳곳의 아동들이 교육도 받지 못하고 제1세계의 소비를 위해 노동 현장으로 내몰리고 있는 실정입니다. 혁명의 최종 목적을 인간 해방으로 삼는 마르크스주의도 여전히 남성중심주의라는 틀에 얽매여 있으며 그로 인해 남성 노동자 이외의 여성, 아동 등이 희생되거나 소외되는 처지에 놓이게 된 것입니다.

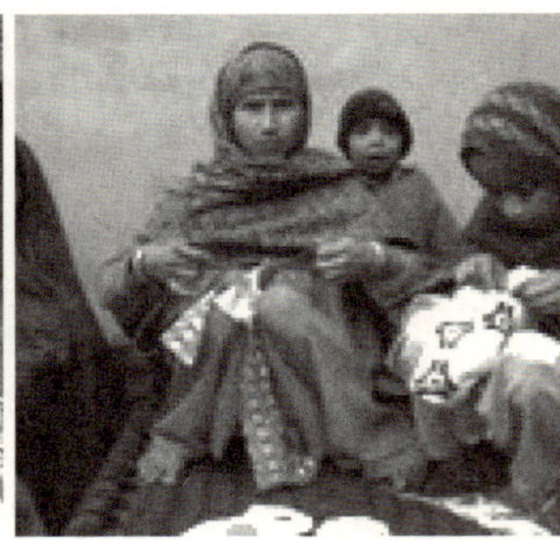

● 제3세계 아동노동현장. 축구공을 함부로 찰 수 있겠는가!

그런 의미에서 억압받고 소외되는 집단이 하나의 단일한 계급이나 집단으로 환원되는 것은 또 다른 억압 상황을 낳을 수 있습니다. 그래서 피억압집단을 모두 아우를 서발턴이라는 개념이 생겨난 것입니다. 서발턴은 하나의 정체성으로 규정되지 않는 복합적이고도 혼성적인 특성을 지닙니다. 그리고 전 지구화 상황에서 서발턴의 범주는 특정 사회나 국가뿐만 아니라 국가 간, 인종 간, 계급 간, 성별 간 등등 여타의 모든 지배/종속의 관계에 적용될 수 있습니다.

서발턴은 하나의 구체적인 대상 규정을 의미하는 것이

아니라 모든 피억압집단을 나타내기 위한 혹은 기존의 피억압집단에서 배제된 집단을 나타내기 위한 개념, 즉 지배와 종속이 기능하는 모든 곳의 억압받는 사람이나 집단을 나타내는 개념이며, 하나로 고정된 폐쇄적인 개념이 아니라 언제나 자리를 이동할 수 있는, 어쩌면 자리가 역전될 수도 있는 열린 개념이라고 볼 수 있습니다. 이 선생님께서 좀 더 구체적으로 설명해 주시죠.

이 선생 : 예, 저도 정체성과 관련해서 설명하도록 하죠. 정체성 문제는 우리의 삶 전반에 걸쳐 있습니다. 예를 들어 우리 민족을 단군의 자손이라고 합니다. 즉 우리의 정체성은 단군의 자손이라는 것입니다. 이러한 정체성은 한편으로는 공동체의 유대나 단결에 필요한 규정이지만, 다른 한편으로는 공동체 내부의 다양한 목소리를 배제하거나 지배/종속의 관계를 은폐하는 수단으로 이용될 수 있습니다. 하나의 단일한 정체성은 폭력이 될 수도 있죠.

지금 현실적으로 벌어지고 있는 이주노동자에 대한 차별은 일면 우리는 단군의 자손이라는 정체성에서 비롯된 것이라고 볼 수 있습니다. 그들은 우리의 단일한 정체성에 들어오지 않는다는 것입니다. 문제는 단지 정체성이 다르다는 데 있지 않습니다. 그런 다름이 바로 차별로 이어진다는 데 있습니다. 우리와 정체성이 같으면 좋은 것이고 다르면 나쁜 것이라는 태도가 차별과 폭력을 낳는 것입니다.

또한 우리 사회에서 소수자의 목소리는 쉽게 통용되기 어렵습니다. 예를 들어 성적 소수자인 동성애자들은 성적 다수자인 이성애자들의 정체성에서 벗어나는 그래서 부도덕하거나 변종으로까지 인식되고 있습니다.

노동자계급에서도 마찬가지입니다. 지금 우리 사회의 노동자계급은 크게 정규직과 비정규직으로 나뉘어 있습니다. 정규직 노동자계급이 비정규직 노동자계급을 직접적으로 착취하는 구조는 아니지만, 자본가계급의 노동자계급 분리 정책에 일정 정도 공모하고 있다고 볼 수 있습니다. 대기업의 정규직 노동자들이 상대적으로 하청 비정규직 노동자들보다 임금이 높은 것은 직접적으로는 자본가계급에 맞선 임금투쟁의 결과로 볼 수 있지만, 일정 부분은 하청 노동자들의 저임금에 따른 것이라고도 볼 수 있습니다. 대기업의 정규직 노동자계급이 하청 비정규직 노동자계급의 정규직화에 온 힘을 기울이지 않는 이유도 비정규직의 저임금이 자신들의 상대적 임금 상승의 요소가 되고 있다고 보기 때문이겠죠. 노동자계급이라고 다 같은 노동자계급은 아닌 것이죠. 즉 노동자계급에서 단일 정체성은 또 다른 억압과 소외를 낳을 수 있습니다.

이 모든 것이 바로 정체성과 관련된 문제이기도 합니다. 과연 우리는 어떤 정체성을 갖고 있을까요? 그리고 이 정체성이 우리의 삶을 온전히 다 담아낼 수 있을까요? 단군의 자손이라는 정체성으로 지배집단과 피지배집단이 하나의 동일한 정체성을 갖고 있다고 볼 수 있지만, 이것은 지배집단의 이익이 곧 민족구성원 전체의 이익이라는 지배 이데올로기로 이용될 수도 있습니다.

그런 의미에서 서발턴의 정체성 혹은 범주를 하나로 고정하는 것은 서발턴을 억압하는 상황에 빠질 수 있습니다. 서발턴 집단은 어느 하나의 단일한 범주나 정의로 특징될 수 없으며, 그러한 정의로부터 서발턴의 의식과 행동을 설명할 수도 없습니다.

헤게모니와 공모

동석 : 그런데 지배계급과 피지배계급이 서로 공모한다는 것이 이해가 되질 않습니다. 지배와 피지배는 적대적인 관계가 아닌가요? 적대적인 관계에 있어야 지배계급으로부터의 해방을 위해 투쟁할 것 아닌가요? 피지배계급이 지배계급의 지배체계에 동의한다는 그람시의 헤게모니 개념에 따르더라도 지배계급과 피지배계급이 서로 공모하는 측면이 있는 것 같은데, 상식적으로 이해가 잘되지 않는군요.

탈 선생 : 마르크스주의에 따르면 사회주의 혁명은 자본주의가 가장 발달한 사회에서, 즉 자본주의의 모순이 첨예하게 대두되었을 때 가능하다고 합니다. 그런데 그람시가 볼 때 자본주의의 모순이 아주 높은 수준에 이른 서구 산업 사회에서 사회주의 혁명은 그렇게 쉽게 일어나질 않는다는 것입니다. 그래서 그람시가 찾아낸 것이 바로 헤게모니 개념입니다.

헤게모니는 자본가계급이 생산수단을 소유하는 것으로만 지배를 하는 것이 아니라 자본가계급의 지배를 정당화하는 이데올로기를 만들어내고 이것을 피지배계급이 받아들여 자본가계급의 지배를 안정적으로 유지하는 것을 의미합니다. 이 헤게모니는 정치적, 철학적, 문화적, 언어적, 제도적, 법률적인 것들 모두에 작용하고 있으며 피지배계급은 이런 것들에 자기도 모르게 자발적으로 동화되어 간다는 겁니다. 이렇기 때문에 지배계급에 대항하여 피지배계급이 혁명이나 봉기를 일으킬 때에도 피지배계급은 지배계급을 유지시켜왔던 헤게모니에서 벗어나지 못하고 오히려 역설적이게도 지배계급을 모방하게 된다는 겁니다.

예를 들어 프랑스혁명의 경우 당시 피지배계급인 부르주아계급은 봉건 지배계급의 이익을 대변하는 제도들을 공격하지만, 혁명 이후 바로 그 구체제의 제도들을 통해

지배계급을 타파한다는 점에서 부르주아계급은 이미 구체제에 동화되어 있고 이는 곧 그 구체제의 헤게모니와 공모한다고 볼 수 있습니다. 그리고 그 결과 부르주아계급과 프롤레타리아계급이라는 또 다른 지배/종속의 권력관계를 만들게 됩니다.

이 선생 : 탈 선생님의 말씀에 덧붙여서, 헤게모니가 작동하는 예를 우리의 구체적인 현실에서 또 하나 들자면, 우리 사회의 대표적인 지배집단인 재벌, 특히 삼성을 들 수 있습니다. 우리는 삼성이 저지른 노동자착취의 구체적인 사례를 알고 있습니다. 삼성의 무(無)노동조합정책(사실 어용노조가 있긴 하지만)이나 삼성전자 반도체공장 노동자들의 산업재해는 지배계급의 억압과 착취를 여실히 보여주고 있습니다. 그런 점에서 우리는 삼성의 노동자정책에 비판과 투쟁을 벌이고 있습니다. 그러나 삼성은 꼼짝도 하지 않습니다.

그런데 삼성이 이렇게 부당하고 부도덕적인 일을 벌일 수 있는 데는 우리의 공모 또한 일조하고 있습니다. 치열한 국제 경쟁 구도에서 선진국이 되기 위해서는 개인의 불이익이나 불편은 감수해야 한다는 국가주의나 대기업이 잘되어야 나라 전체가 잘된다는 성장우선정책 이데올로기나 '또 하나의 가족'으로 대표되는 삼성의 선전 이데올로기는 이미 우리의 의식에 깊이 뿌리 내리고 있습니

● '또 하나의 희생'에 의한 '또 하나의 가족'

다. 한편으로 우리는 삼성이라는 재벌의 정책에 대항하는 의식도 가지고 있지만 다른 한편으로 우리는 삼성이라는 대기업에 취업하는 것을 목표로 삼고 있는 것도 사실입니다. 역설적이게도 지배계급 삼성의 헤게모니는 이미 우리 내부에 자리 잡고 있습니다.

이러한 실례들은 우리 주변에서 무수히 발견할 수 있습니다. 아버지의 폭력으로부터 자란 아들이 그런 폭력을 혐오하면서도 어른이 되어 자식에게 폭력을 행사하는 경우도 마찬가지입니다. 폭력을 행사하는 아버지에 대해 '내가 커서 아버지가 되기만 해봐라'는 식의 반발은 아버지의 가부장 이데올로기를 그대로 본받을 위험이 큽니다.

어른이 되어 '요즘 애들은 버릇이 없다'는 식의 논리도 마찬가지인 거죠. 예전에 부당하다고 생각했던 어른들의 행태를 자신도 모르게 따라하고 있는 셈이죠. 지배와 종속은 이분법적으로 분리될 수 있는 것이 아니라 하나의 전체를 이루며 공모하고 있다고 봐야 할 것입니다. 지배 없는 종속이나 종속 없는 지배란 불가능하기 때문입니다. 지배계급과 피지배계급도 마찬가지인 것이죠. 그런 점에서 지배자와 피지배자는 서로 공존, 공모한다고 봐도 될 것입니다.

금희 : 우리가 의식적이건 무의식적이건 지배계급의 헤게모니에 공모하고 있다고 생각하니 등골이 오싹해집니다. 그런데 우리가 지배계급의 헤게모니와 공모하고 있고 그래서 영원히 지배계급의 헤게모니로부터 벗어날 수 없다면 서발턴의 해방은 불가능한 것이 아닐까요?

피지배집단의 해방을 위해 서발턴이라는 개념을 만들었는데, 오히려 서발턴 개념이 패배주의만 안겨주는 것 같아 마음이 씁쓸하네요. 피지배계급은 영원히 지배계급의 헤게모니로부터 벗어나 자유와 해방을 성취할 수 없는 건가요? 그렇다면 우리의 탈식민주의 논의도 아무 의의없는 탁상공론에 불과할 것 같아요.

탈 선생 : 그렇다고 우리의 탈식민 논의가 의미 없다고 볼 수는 없습니다. 우리가 지배계급의 헤게모니와 공모하고 있다고 하더라도, 헤게모니도 고정 불변한 것이 아니므로, 우리의 노력에 따라 헤게모니를 변경할 수 있고 그런 점에서 서발턴의 해방을 위한 기획을 수립할 수 있는 것입

니다.

앞서 말했듯이, 서발턴의 정체성이란 단순히 이미 고정된 계급이나 집단의 입장들로 정의되는 것도 아니며, 지배/피지배라는 이분법적 형식으로 위계적으로 고정되어 있거나 미리 정해진 구분에 따라 규정되는 것도 아닙니다.

스피박이 문제 삼는 것도 이른바 서발턴의 전형을 미리 전제하는 것, 서발턴의 정체성을 본질화해 하나의 동일한 형식을 부여하는 것, 사회 집단들에 내재하는 차이를 무시하는 것, 또한 사회 집단들의 의식이나 행위에 고정 불변한 정체성을 부여하는 것입니다.

스피박에게 서발턴은 어떤 단일한 정체성이나 의식을 지닌 집단으로 규정하는 동질성에 저항하는 개념입니다. 그래서 서발턴은 단순하게 피지배집단들을 뭉뚱그려 가리키는 개념이 아니라 바로 동질성이나 동일성에 저항하는 차이의 공간을 가리키는 개념입니다. 서발턴과 차이성의 관계에 대해서는 이 선생님께 도움을 청해야겠습니다.

이 선생 : 예, 탈 선생님께서 방향을 잡으셨으니 저는 조금 더 나아가보도록 하죠. 서발턴의 정체성은 동일성에 있는 것이 아니라 오히려 차이성에 있습니다. 여기서 서발턴의 정체성이 내포하고 있는 차이성이란 지배와 종속이라는 위계적인 권력관계 하에서 지배계급이 사회적 통합이라는 미명 하에 동질성을 피지배계급에게 강제할 때 그러

한 강제가 완전히 실현되지 못하도록 그 체제 내부에 틈을 내는 저항 의식 및 행동을 의미합니다. 다시 말해 서발턴의 차이성이란 지배계급의 담론이나 헤게모니에 완전히 포섭될 수 없는, 그런 포섭에 저항하는 타자성이라고 할 수 있습니다.

피지배계급이 지배계급의 헤게모니에 공모한다고 해서 반드시 피지배계급이 지배계급과 동일한 의식을 갖고 동일한 행동을 하는 것은 아닙니다. 피지배계급의 종속이 지배계급의 헤게모니에 대한 완전한 동의로만 이루어진다면, 다시 말해 종속집단이 지배집단의 담론에 통합되어 두 집단 간에 차이를 의식하지 못한다면, 지배와 종속은 무의미하며 권력관계도 성립하지 않습니다. 이미 그 차이가 무색해졌기 때문이죠. 두 집단의 의식에 차이가 없는데 거기에 무슨 지배와 종속, 착취와 억압이 있겠습니까? 지배계급과 피지배계급이 성립하려면 두 집단 간의 차이가 필수적입니다.

지배계급은 끊임없이 폭력이나 설득을 통해 피지배계급의 동의를 이끌어냄으로써 권력관계에서 헤게모니를 장악하려고 하고 또 실제로 장악하기도 하지만, 동시에 이러한 헤게모니 장악 과정은 피지배계급인 서발턴 자신의 정체성인 차이성을 인식케 하는 과정이기도 합니다. 이 과정을 통해 서발턴집단은 지배집단의 헤게모니에 대항하는 차이를 만들어내면서 지배집단의 헤게모니가 포착하지 못하는 어떤 저항의 지점을 마련하게 됩니다.

은수 : 그럼 스피박의 서발턴 해방 기획은 지배집단의 헤게모니에서 벗어나서 서발턴 집단의 정체성을 드러낼 수 있는 서발턴 담론을 구성하고 실천하는 것이라고 할 수 있겠군요. 서발턴의 해방이 가능하려면 우선 지배집단의 헤게모니에서 벗어날 수 있는 서발턴집단의 의식과 행위를 찾아내야 할 것이기 때문이니까요. 스피박이 말하는 서발턴집단의 의식 및 행위는 무엇인가요? 그것만 알면 서발턴집단은 지배집단의 헤게모니에서 벗어나 해방을 맞이할 수 있을 것 같은데, 두 분 선생님 생각은 어떻습니까?

서발턴 주체의 (불)가능성과 해체

탈 선생 : 이 물음에 대한 스피박의 논의를 확인하기 위해서는 우선 지배집단의 담론에서 배제된 서발턴집단의 역사와 행위를 복원하기 위한 인도의 역사학자 모임인 <서발턴 연구집단>을 참조할 필요가 있습니다. 인도의 식민담론이나 민족주의 엘리트집단의 역사 기록에는 서발턴이 지배계급의 이해관계에 따라서만 민족의 일원이나 계급의 일원으로서 등장할 뿐이고, 서발턴의 의식과 행동에서 이

질성이나 차이를 인정하지 않습니다. 지배 엘리트집단의 역사 기록에서 서발턴은 주체적인 행위를 박탈당하고 침묵하지 않을 수 없게 된 거죠. 서발턴이 침묵하는 이유는 그들 스스로 역사를 기록할 수 없기 때문입니다. <서발턴연구집단>이 서발턴 연구에 나서는 출발 지점도 바로 여기에 있습니다.

역사 기록은 언제나 승리자, 곧 지배계급의 전유물이 되어왔죠. <서발턴연구집단>은 기존의 식민주의 사관이나 토착 엘리트주의 역사 기록에서 배제된 서발턴의 역사와 행위를 찾아내기 위해 엘리트집단의 역사 기록을 다시 읽으려고 합니다. 왜냐하면 서발턴의 역사는 따로 기록된 문헌이 없으므로 엘리트집단이 남긴 서발턴 자료에 기초하지 않을 수 없기 때문이죠. 그래서 <서발턴연구집단>은 엘리트집단의 기록을 바탕으로 하되 그 기록에서 역사의 주변부로 남아 있는 서발턴의 의식과 행위의 흔적을 찾아냄으로써 서발턴을 역사의 주체로 하는 새로운 역사를 구축하려고 합니다. 지배집단의 역사 기록에 의해 등장하고 배제되었던 서발턴의 역사를 복원함으로써 이제 서발턴은 자신의 역사와 의식 및 행위의 주체가 되어 지배와 종속의 사슬을 끊고 역사의 주인이 될 수 있다는 것입니다.

그런데 스피박이 보기에 <서발턴연구집단>의 성과에

도 불구하고 거기에는 문제점이 있습니다. 스피박에 따르면 <서발턴연구집단>의 작업은 근본적으로 인도 서발턴에 대한 역사 기록을 조사하여 서발턴의 역사를 복원하고 서발턴 의식의 본질을 밝혀내고자 하는 것입니다.

그러나 이 작업에서 <서발턴연구집단>의 역사가로서의 위치가 논의되지는 않습니다. 다시 말해 <서발턴연구집단>이 간과한 문제는 엘리트집단의 역사 기록이 엘리트집단의 위치나 입장에서 서발턴의 역사를 배제하거나 왜곡하듯이, 역사가로서 <서발턴연구집단> 또한 자신들의 입장에서 서발턴의 역사 및 의식에 도달하지 않을 수 없다는 점입니다.

스피박이 보기에, 역사가에 의해 엘리트집단의 역사 기록 안에서 서발턴이 실증적으로 조사되고 복원되는 과정 혹은 역사가가 서발턴을 역사적 주체로 재현하는 과정은 곧 서발턴이 역사가에 의한 인식과 서술의 대상이라는 위치에 배치되는 과정이며, 이 과정에서 서발턴은 스스로 역사의 주인이 되기에 앞서 역사가의 역사 서술 대상이 되어버립니다. 엘리트집단의 역사 서술에 의해 역사의 주인이 되지 못하고 역사에서 사라졌던 서발턴이, 이제는 <서발턴연구집단>에 의해 서발턴을 역사의 주인으로 복원한다는 명목 하에 다시 역사 기술의 대상으로 소외되어 버린다는 것입니다. 다시 말해 서발턴의 역사에 대해 말하는 <서발턴연구집단> 역사가들 자신이 서발턴을 역사의 주인으로 보기보다 역설적으로 또 다른 역사 기술의 대상으로 삼고 있다고는 생각하지 못했다는 것입니다. 서발턴은 스스로 역사의 주인으로서 등장하는 것이 아니라 역사가에 의해 역사의 주인으로서 대변된다는 것입니다.

이런 점에서 서발턴은 스스로 역사의 주인이 되지 못하고 역사가의 역사 기록에 의해 역사의 주인이라는 위치를 부여받게 됩니다. 그렇다면, 서발턴은 역사가에 의해 기술된 역사의 주인으로서 서발턴과 자발적인 주인의식으로서 서발턴이 동일성을 담보하지 못한다는 점에서 역사가에게 절대적 타자로 남아 있게 됩니다. 따라서 역사가는 서발턴의 역사를 복원하지도 서발턴의 경험을 이해하지도 못하게 됩니다.

게다가 역사가 자신이 기존의 엘리트집단의 역사 담론과 언어체계에서 벗어날 수 없다면, 즉 어쩔 수 없이 기존의 담론과 언어체계를 통해 서발턴을 복원할 수밖에 없다면, 결국 헤게모니를 장악하고 있는 기존의 지배 담론이나 언어체계에 동화되지 않는 차이성으로서의 서발턴을 포착할 수 없게 됩니다. 서발턴을 역사의 주인으로 재현하려는 역사가의 시도는 온전한 재현이 불가능하다는 점에서 어쩔 수 없이 서발턴을 대상화할 것이고, 엘리트집단의 역사 기록에서 서발턴을 복원하는 바로 그 순간, 기존의 엘리트담론을 통해 서발턴을 통제하게 될 것입니다.

동석 : 기존의 지배 엘리트집단의 역사 기록으로부터 서발턴의 역사를 복원할 수 없다면, 그리고 서발턴 역사를 통해 서발턴이 역사의 주인으로서 등장할 수 없다면, 서발턴 해방 기획도 불가능한 것이 아닌가요? 서발턴이라는 역사의 주인이 없는데 서발턴의 해방이라는 말이 성립할 수 없잖아요. 논의가 진행될수록 오히려 서발턴에 대한 이해가 혼란스럽기만 하네요.

스피박은 이 문제에 대해 어떤 대답을 내놓고 있는지 궁금하네요. 서발턴의 해방 기획이 스피박 작업의 목적이라고 한다면, 스피박은 이 문제에 대해 명확한 답을 내놓아야 할 것입니다. 그렇지 않다면 자신의 기획의 불가능성을 스스로 인정하는 꼴이 될 테니까요.

이 선생 : 문제가 점점 난해하고 복잡해지는 것 같습니다. 물론 문제가 단순하고 명확하다고 해서 해답도 그런 것은 아니지만요. 앞에서 스피박을 해체론자라고 언급했듯이, 스피박의 서발턴 연구 작업은 해체론을 바탕으로 하고 있습니다. 해체 즉 deconstruction은 프랑스 철학자 자크 데리다의 개념으로 단순히 파괴를 의미하지 않습니다. 보다 정확한 의미로는 해체―구성 즉 de-construction, 다른 말로

는 탈-구성, 탈-구축의 의미를 갖고 있으며, 이런 의미에서 해체는 해체와 구성이 공존하고 있다고 봐야겠지요. 다시 말해, 말이 좀 어렵긴 하지만, 해체적으로 구성되어 있다거나 구성적으로 해체되어 있다고 봐야겠지요.

예를 들어, 문학 작품을 읽을 때 작품의 의미는 근본적으로 고정되거나 확정적이지 않으며 따라서 언제나 열려 있다는 겁니다. 이런 해체적 비평은 철학, 역사, 문화 등을 읽는 스피박의 여타 작업에도 영향을 미치며, 특히 문명화를 앞세워 침탈하는 식민주의 담론이나 제국주의 담론의 허구성을 폭로하는 방법이기도 합니다.

은수 : 문학 작품이나 여타 모든 텍스트의 의미가 근본적으로 불확정적이라는 해체론의 주장은, 스피박의 서발턴 해방 기획이라는 정치적 개입을 회의적이게 만들지 않을까요? 해체론은 정확한 의미를 담보할 수 없다는 점에서 이렇게 해석될 수도 있고 저렇게 해석될 수도 있는 상대주의에 빠질 우려가 있는 것 같아요.

탈 선생 : 해체론을 정치적 회의주의나 상대주의로 오해하는 것은 해체론이 문제 삼는 고정 불변하고 확정적인 의미로 되돌아가는 아주 단순하고 환원적인 태도입니다. 해체론은 아주 강력한 이론적 방법이자 정치적 개입의 수단이 될 수 있습니다. 실제 스피박은 다양한 형태의 지배 담론들의 네트워크가 어떻게 현실 세계를 구성하는지 그

방법을 검토하고, 이를 통해 현재의 '전 지구화'라는 지배 담론에 의문을 제기합니다.

예를 들어, IT혁명으로 대변되는 신기술의 유연성과 속도가 세계화를 가능하게 하고 이런 세계화를 통해 사람, 자본, 정보의 전 지구적 순환을 가능하게 한다는 전 지구적 자본주의 담론은 세계화의 환상을 심어 주었습니다. 그러나 스피박의 해체적 읽기에 따르면, 이 전 지구적 담론은 여전히 세계 인구의 대다수가 가난과 억압, 질병에서 벗어나지 못하는 상황에서 일부 '제1세계' 선진국 국가들이 자본과 정보의 순환을 자신들의 이익에 따라 조정하고 있다는 사실을 은폐하고 있습니다. 즉 전 지구화라는 제1세계 담론은 자신의 담론이 성립하기 위해서, 자신의 담론 내부에 이미 자신의 담론의 허구성을 알리는 '제3세계'가 끼어들어와 있다는 사실을 은폐합니다. 그렇다면 전 지구적 자본주의 담론은 이미 그 자체 해체적이라고 볼 수 있습니다. 해체론은 바로 이런 담론의 허구성을 폭로한다는 점에서 강력한 정치적 무기가 될 수 있습니다.

이 선생 : 스피박의 해체론은 스피박 자신의 경우에도 적용됩니다. '해체의 기획은 언제나 어떤 식으로든 자신의 기획의 희생양이 된다'는 데리다의 진술에서처럼, 스피박의 서발턴 해방 기획은 지배담론과의 공모성이 필연적이라고 볼 수 있습니다. 그렇다면 서발턴 연구에 대한 스피박

의 해체적 읽기는 서발턴의 저항과 역사를 지배 엘리트 집단의 담론과 언어를 빌려 기술한다는 비판에 직면할 수도 있습니다.

스피박이 서발턴 연구에서 중요하게 반대하는 것은 서발턴이 자신의 운명을 스스로 통제하고 개척할 수 있는 행위의 주체라는 생각입니다. 왜냐하면 서발턴은 엘리트 지배담론의 효과에 지나지 않기 때문입니다. 즉 서발턴의 주체 의식은 지배 엘리트담론이 구성한 것에 지나지 않는다는 것입니다. 따라서 해체론은 지배 엘리트주체에 맞서는 또 다른 서발턴주체를 설정하지 않습니다. 지배 엘리트주체 내에 이미 서발턴이 자리하고 있고 따라서 이미 해체적이라는 의미죠. 지배 엘리트담론은 이미 자체 내에 붕괴의 틈새들로 메워져 있습니다.

엘리트집단의 지배담론은 서발턴을 부르주아 민족해방이라는 거대 서사를 위해 꼭 필요한 부분으로 포섭, 즉 구성 하면서도 배제, 즉 해체한다는 측면에서 이미 해─체적입니다. 스피박의 해체론이 기능하는 곳도 바로 이곳입니다. 지배 담론이 이미 해체적임을 밝혀내는 거죠.

탈 선생 : 해체론의 입장에서 볼 때, 서발턴은 부르주아 민족해방 기간의 투쟁역사에 등장하지만 필요할 때 사용되고 필요 없을 때 버린다는 식으로 독립 후 토사구팽 당하게 되는 셈이죠. 그 구체적인 역사적 사례를 들어보도록 하죠.

● 인도 서발턴 여성들에게 연설하는 간디

간디의 비폭력 인도 독립 투쟁은 농민과 여성을 포함해 서발턴 집단의 지지를 얻기 위해 특히 여성을 '어머니 인도'라고 은유하는 민족주의 담론을 확장합니다. 그러나 독립 투쟁에 참가한 여성들은 인도 독립 이후에도 남성중심적인 전통 담론에서 해방되지 못합니다. 여성은 엘리트 남성중심 담론의 역사에서 그것도 엘리트 지배집단의 이익을 위해 동원되어 잠시 등장하지만 이내 공식 역사에서 배제되고 삭제되어 버립니다. 이런 지배담론의 논리가 이미 해체적임을 간파할 때 우리는 서발턴의 역사를 다시 읽어낼 수 있습니다.

동석 : 그런 예는 우리나라에서도 찾아 볼 수 있을 것 같은데요. 우리가 잘 알고 있는 유관순 열사는 민족 독립이라는 담론의 역사에서는 남성 못지않게 평가되고 이용되지만, 독립 이후 가부장적 남성중심주의 담론에서는 유관순을 비롯한 여성들은 무시되고 배제되었죠. 그런 점에서 우리의 사정도 이른바 최후의 식민지라는 여성의 해방은 요원한 실정이네요.

이 선생 : 예, 그런 기록은 세계적으로 보편적인 현상입니다.

그래서 스피박은 민족을 하나의 단일하고 보편적인 구조로서 재현해야 한다는 엘리트집단의 역사적 시각에 대항하여 역사적 현장인 사회적, 정치적 투쟁의 장은 단일한 역사 구조에서 재현될 수 없는 이질적인 차이의 공간이라고 봅니다.

스피박은 이러한 해체론을 사용함으로써 지배 엘리트 집단의 담론과 언어로 포섭되지 않는 다양한 서발턴 집단들의 역사와 투쟁을 기술할 수 있는 좀 더 유연한 방법론을 제공합니다. 스피박의 서발턴 해방 기획은 거창한 이론적 대안을 제시하는 대신, 서발턴 특히 여성 서발턴의 저항을 다루는 텍스트들을 통해 서발턴 저항의 구체적 사례를 제공하고자 합니다.

서발턴 텍스트의 해체적 다시 읽기

탈 선생 : 예, 이 선생님 말씀처럼, 서발턴 자체가 고정된 정체성을 갖고 있지 않고 단일한 의미로 정의되지 않는다고 한다면 현실적인 구체적 서발턴을 다룸으로써 좀 더 진척된 이해에 도달할 수 있을 것 같습니다. 그럼 스피박이 다시 읽는 서발턴 텍스트들을 살펴보면서 서발턴 해방의 기획에 우리가 어떻게 참여할 수 있는지 논의해보는 게

어떨까요?

금희 : 예, 좋은 생각인 것 같아요. 서발턴 개념에 대해 너무 추상적인 이론만 다룬 것 같아 구체성이 결여되는 느낌이었는데 현실에서 발생하는 서발턴 사례를 다루는 것이 좀 더 생산적인 논의가 되지 않을까 해요. 그리고 탈식민주의 논의는 이론적인 논의에서 거치는 것이 아니라 실제 우리의 현실적인 식민주의 잔재를 문제 삼고 해결하려는 취지를 갖고 있으므로 우리가 발 딛고 서 있는 구체적인 현실에서 출발해야 할 것 같아요.

마르크스가 철학은 세계를 해석하는 것이 아니라 세계를 변혁하는 것이라고 말했듯이, 우리의 탈식민주의 논의도 탈식민 상황을 그저 이론적으로 해석하는 것이 아니라 실천적으로 변혁하는 것이라면, 더욱이 이론적 차원에만 머물 것이 아니라 실천적인 차원에서 접근해야 할 거예요. 이 선생님, 개념적이고 이론적인 차원 말고 현실적인 차원의 서발턴에 대해 말씀해주셨으면 해요.

이 선생 : 예, 스피박의 구체적인 서발턴 사례를 통해 접근해보도록 하죠. 스피박에게 이 세상에서 가장 억압 받고 있는 서발턴은 바로 '제3세계', '여성', '노동자'입니다. 스피박이 '페미니스트 마르크스주의 해체론자'라는 명칭을 얻고 있는 것도 스피박의 해방 기획의 대상이 바로 '제3세계 여성 노동자'이기 때문입니다. 제3세계 여성 노동자는

정치적으로는 독립되었지만 경제적 문화적으로는 여전히 식민 상황에 놓여 있으면서, 계급적으로는 저임금과 열악한 노동환경으로 인해 착취당하고 있는 노동자 계급에 속하고, 성적으로는 가부장적 남성중심주의 하에 억압 받는 지상 최후의, 최대의 식민지입니다.

스피박은 오늘날의 전 지구화 상황에서 국제적인 노동 분업 현장에서의 경제적 착취에 주목합니다. 전 지구적 자본주의 시대에서 다국적 기업은 보다 값 싼 노동력을 찾아 제3세계로 진출하게 됩니다. 한국의 대기업이 보다 낮은 임금으로 더 많은 이익을 얻기 위해 비정규직 노동자를 고용하는 하청업체에 하도급을 맡기듯이, 다국적 기업 또한 경제 상황이 열악하고 값 싼 임금 노동자가 많아 착취가 비교적 쉬운 제3세계에 생산과 제조의 하도급을 맡깁니다.

우선 우리와 가까운 사례부터 살펴보도록 하죠. 스피박이 서발턴 여성을 읽는 사례에는 한국 관련 사례도 있습니다. 스피박은 미국의 다국적 기업인 콘터롤 데이터 사가 서울에 세운 공장을 구체적인 예로 제시합니다. 1982년 한국 콘트롤 데이터 사 공장에서 여성 노동자들이 임금 인상을 요구하며 파업을 벌입니다. 이 파업은 놀랍게도 같은 공장의 한국인 남성 노동자들이 여성 노동자들을 습격함으로써 일단락됩니다. 스피박은 이 사건을

● 1978년 YH 여성 노동자 파업. 펼침막 구호가 당시 노동현실을 여실히 말해준다.

전 지구적 자본주의가 국제 노동 분업을 통해 제3세계 국가의 여성 노동자 계급을 고용함으로써 작동한다는 사실을 여실히 보여주는 사례로 제시합니다.

이 사건에서 볼 수 있듯이, 제3세계 서발턴 여성인 한국 여성 노동자들은 선진 자본주의라는 제1세계의 경제적 식민지로 전락한 제3세계 피식민자로서, 자본가에게 노동력을 착취당하는 노동자 계급으로서, 경제적 제국주의와 자본의 착취에 맞서 함께 싸워야 할 남성 노동자들의 가부장적 폭력 아래 짓밟히는 여성으로서, 삼중의 억압을 당하고 있습니다.

이런 점에서 마르크스주의가 인간 해방의 주체로서 규정한 노동자 계급은 이제 그 자리를 제3세계 서발턴 여성 노동자에게 내어주어야 마땅할 것입니다. 이제 해방되어야 할 자, 인간 해방을 실현할 자는 바로 최후의 식민지 여성 서발턴이기 때문입니다. 스피박이 제3세계 서발턴 여성에 초점 맞추는 것도 바로 이런 이유에서입니다.

탈 선생 : 예, 우리가 서발턴의 정체성을 단일하게 규정하지 못하는 이유도 이런 복잡하고 중층적인 차원이 발생하기 때문이기도 합니다. 서발턴은 국가 간에, 계급 간에, 성차에 의해서도 발생하기 때문에 단일한 계급이나 집단으로 환원될 수 없습니다. 한 개인이나 집단은 한 차원에서는 종속의 위치에 있지만 다른 차원에서는 지배의 위치에 있을 수 있기 때문입니다.

그러나 제3세계 서발턴 여성은 여성 중에서도 선진 자본주의 여성이나 제3세계 중산층 여성과도 이질적인 정체성을 갖고 있는 최악의 서발턴입니다. 이런 여성 서발턴에 대한 사례들은 현재의 국제적 뉴스거리로도 자주 등장하고 있습니다. 물론 여성 서발턴을 너무 특권화할 필요는 없습니다.

여러분, 2010년 발생한 방글라데시 노동자 시위를 매체를 통해 접한 적이 있지요? 오늘 대담을 위해 제가 자료를 좀 찾아왔습니다. 매체 자료에 따르면 방글라데시 의류 노동자들은 세계에서 가장 낮은 수준의 임금을 받는 전형적인 국제 노동 분업 하에 착취를 당하고 있어요. 방글라데시는 지난 수십 년 동안 전 세계 저가 의류의 공장 구실을 해왔다고 합니다. 방글라데시의 2009년 의류 수출액은 약 12억 달러로 방글라데시 전체 수출액의 80%를 차지했으며, 고용 노동자는 250만 명 정도로 전체 산업 고용 인력의 4분의 1이 의류 산업에 종사한다고 합니다. 전 세계 의류 수출 규모로는 4위로, 까르푸, 월마트, 헤네스앤모리츠, 갭, 토미힐피거 같은 거대 서구 의류업체 및 유통 체인 등이 주요 고객이라고 합니다.

● 방글라데시 여성 의류 노동자

방글라데시 의류 산업 발달 뒤에는 전체 의류 공장 노동자의 90% 가까이 차지하는 여성 노동자의 희생이 놓여 있습니다. 공장주들이 공장 문을 잠그고 노동자들에게 장시간 노동을 강요하는 경우가 많았으며, 구타도 발생하곤 했다고 보도되네요. 시위가 있기 전 월 최저 임금은 우리 돈 약 2만 8천 4백원 남짓에 불과해 하루 1달러도 되지 않는 세계에서 가장 낮은 수준이었다고 합니다.

방글라데시 현지 공장에는 한국 기업도 포함되어 있다

고 합니다. 한국 기업도 한국보다 임금이 싸고 경제 상황이 어려운 또 다른 제3세계로 진출하고 있는 실정입니다. 한편으로는 선진 자본주의의 경제적 식민 상황에 다른 한편으로는 후진국을 경제적으로 착취하는 이중적인 상황에 놓여 있는 아이러니입니다.

이 선생 : 스피박은 문학 비평가답게 제3세계 서발턴 여성의 또 다른 사례로 벵골어 여성 작가 마하스웨타 데비의 소설을 소개하고 있습니다. 스피박이 제3세계 작가의 문학에 관심을 갖고 영어로 번역 소개하고 비평하는 이유는 문학에 비친 제3세계 서발턴 여성의 삶을 통해 서발턴 여성에 귀 기울이기 위해서입니다.

스피박은 데비의 소설 『젖어미』가 서발턴 여성의 역사를 분명하게 드러내고 있다고 주장합니다. 『젖어미』는 브라만 가정에 유모로 고용된 자쇼다의 모성적 육체가 점차 병들어가는 과정을 묘사합니다. 스피박은 유방암으로 썩어가는 자쇼다의 모성적 육체가 인도 엘리트 민족주의가 서발턴 여성 해방에 실패했음을 여실히 드러낸다고 주장합니다. 독립 이전이나 이후나 서발턴 여성의 삶은 여전히 착취와 억압 하에 놓이게 된 것이죠. 데비의 소설에 대한 스피박의 번역과 비평은 서발턴 여성이 배제되는 인도의 지배적인 남성 민족주의 역사 및 정치 담론에 대항하는 텍스트를 제공합니다.

서발턴은 말할 수 있는가?

탈 선생 : 이제 마지막으로 한 가지 물음을 던짐으로써 오늘의 논의를 마무리해야 할 것 같습니다. 논의해야 할 물음은, 스피박이 묻고 있듯이, 과연 '서발턴이 말할 수 있는가?' 하는 것입니다.

금희 : 서발턴이 말할 수 있다는 것은 당연한 것 아닌가요? 단순한 생각이지만 서발턴도 사람인데 당연히 말할 수 있을 테니까요. 또한 서발턴이 자신의 경험과 주장을 자신의 말로 할 수 있어야 진정한 해방을 이룰 수 있을 테니까요.

탈 선생 : 스피박이 '서발턴은 말할 수 있는가?' 하고 물었다면 그냥 쉽게 생각할 문제는 아닌 것 같아요. 이 선생님, 스피박은 왜 이런 물음을 던지고 있는 거죠?

이 선생 : 스피박은 자신의 논문 「서발턴은 말할 수 있는가?」에서 이 물음을 다루고 있습니다. 결론부터 말하자면 서발턴은 말할 수 없습니다. 물론, 서발턴이 말할 수 없다는 것은 물리적인 목소리를 낼 수 없다는 것이 아닙니다. 서발턴이 말할 수 없다는 것은 서발턴이 지배체제 내에서 자신의 목소리를 담아낼 수 있는 담론 장치가 없다는 것을 의미합니다.

　　예를 들어, 인도 독립 투쟁의 남성 중심적 민족주의 하에서는 서발턴 여성은 들리거나 읽혀질 수 없다는 겁니다. 인도 민족주의 역사에서 서발턴 여성의 목소리는 사라지고 없죠. 서발턴 여성이 역사의 주인으로 등장하는 역사서는 찾아 볼 수 없으니까요.

은수 : 스피박의 서발턴 여성 억압 역사에 대한 비평은 오히려 서발턴 여성의 침묵을 강요하지는 않을까요? 서발턴은 말할 수 없다고 주장함으로써 서발턴의 자주성을 박탈하는 것은 아닌지요? 그리고 식민 담론이나 역사서에서 서발턴 여성의 저항을 다룬 역사적 사례들도 많이 있고요. 그런

● 영화 〈밴디트 퀸〉 포스터

담론을 통해 서발턴 여성은 말을 하고 있는 거죠. 저도 이번 대담 주제와 관련해서 공부를 하다가 자료를 좀 찾아보게 되었는데 역사적 자료들이 없지 않던걸요.

예를 들어, 1857년 인도 폭동 때 중요한 역할을 했던 시장 창녀들이나 1929년 나이지리아 시장의 여성 농성자들, 그리고 오늘날 도둑의 여왕으로 알려진 풀란 데비에 이르기까지, 지배적인 역사 기술에서는 언제나 서발턴 여성들의 저항을 인정해왔죠. 이런 역사적 기술을 통해 서

• 남성 중심 체제에 저항하는 풀란 데비

발턴 여성은 말을 하고 우리는 또 들을 수 있는 거죠.

풀란 데비는 우리에게 영화 <밴디트 퀸>의 실제 모델로도 잘 알려져 있죠. 아직 영화를 보지 못한 사람들을 위해 간단히 소개하도록 하죠. 풀란 데비는 1963년 인도 최하층계급 가정에서 태어나, 11세에 팔려가 상류계급 남자와 결혼하지만 남편의 학대에 가출합니다. 이후 도둑 무리의 두목이 되어, 자신을 성폭행한 마을 지주들을 공개 처형하고, 인도 전역에서 활동하다가 1983년 자수합니다. 11년을 복역한 후 1996년에 하층민 집단거주지인 미르지푸르 지역의 하원 선거에 출마해 당선되면서 정치인으로 변신하게 됩니다.

풀란 데비는 지배적인 역사 기술이 서발턴 여성의 저항을 인정하고 그 저항의 목소리를 담아왔음을 보여주는 명백한 사례입니다. '서발턴은 말할 수 없다'는 스피박의 주장은 너무 이론적인 면에 얽매여 현실을 무시하는 결과를 가져오진 않았나요?

탈 선생 : 예, 실제 역사상 서발턴 여성의 저항이 없었던 것도,

기술되지 않았던 것도 아닙니다. 스피박 역시 그런 역사적 사실을 모를 리 없겠죠. 그러나 스피박이 '서발턴은 말할 수 없다'고 주장하는 것은, 서발턴 여성이 문자 그대로 말을 할 수 없다는 의미가 아닙니다. 문제는 서발턴 여성이 말을 하지만, 그 말이 지배적인 정치, 문화, 언어 체계 안에서 이루어진다는 점에서 우리에게 들리거나 읽히지 않는다는 것입니다. 서발턴은 지배집단의 언어체계에 종속되어 있습니다. 그래서 서발턴이 자신의 언어를 갖고 있지 못하기에 서발턴은 역사의 주인으로서 말할 수 없다는 뜻입니다.

앞에서 말했듯이, 서발턴의 역사 기록은 지배집단의 필요에 의해서만, 지배집단의 담론체계를 빌려서만 등장하고 또 폐지되는 운명이죠. 서발턴이 말할 수 있다면 서발턴은 더 이상 서발턴이 아닐 것입니다. 말할 수 있는 서발턴은 억압받지 않고 자기 삶의 주인으로서 살아갈 것이기 때문입니다.

동석 : 서발턴이 말할 수 없다면, 서발턴이 자기 삶의 주인이 되지 못한다면, 스피박이 기획하는 서발턴의 해방은 영원히 요원한 것이 아닐까요? 해방의 주인이 주인으로서 역할을 하지 않는다면 해방이 어떻게 가능하겠어요? 이런 측면에서 해체론자인 스피박의 논리는 말장난에 불과하다고 평가 받는가 봅니다. 도대체 어쩌라는 겁니까?

이 선생 : 스피박의 대답은 난해한 측면이 있지만, 이런 난해함은 단일한 정체성의 폭력에 저항하는 방식으로 읽힐 수도 있습니다. 스피박이 말하고자 하는 바는 기존의 지배계급의 언어체계를 넘어서서 말할 수 있는 또 다른 언어체계가 없다는 것입니다. 그렇지 않다면, 앞에서 말했듯이 서발턴이 자신의 언어체계를 가진다면, 서발턴은 더 이상 지배당하는 집단이 아닐 것이기 때문입니다. 여기서 언어체계란 단순히 물리적 목소리나 글쓰기가 아니라 지배권력의 지배담론을 의미합니다. 따라서 서발턴이 피지배집단인 한, 서발턴이 권력의 언어체계를 소유하고 있지 않는 한, 서발턴은 말할 수 없다는 거죠.

또 다른 물음을 제기해보죠. 예를 들어, '과연 서발턴은 투표할 수 있는가?' 우리는 선거 공간에서 투표를 합니다. 그러나 그것이 진정한 서발턴의 의사를, 서발턴의 목소리를 반영하는 투표가 될까요? 현재의 지배적인 정치체제 내에서 서발턴의 목소리를 반영할 수 있는 투표는 어쩌면 불가능할 겁니다. 지배계급이 모든 언론 매체를 장악하고 선거제도가 서발턴의 진입을 가로막고 있는 상황에서 서발턴은 자신의 정치적 입장을 주장할 수 있는 장을 마련하지 못하죠. 그래서 서발턴은 형식적인 투표는 하지만 그 투표를 통해 자신의 주장을 관철시킬 수는 없는 겁니다. 선거라는 정치적 행사에 들러리 선다고 할까요. 선거라는 장에 등장하고 이용되지만 선거가 끝난 후 서발턴은 또 다시 존재하지만 존재하지 않는 유령과 같은 존재가 됩니다. 지배계급이 필요할 때만 역사에 등장하고 바로 사라지게 되죠.

서발턴, 침묵으로 말하다

탈 선생 : 서발턴은 말할 수 없다는 스피박의 주장은 종종 문맥을 벗어나 서발턴 여성은 자신의 언어로 역사에 등장할 수 없기 때문에 정치적 행위능력을 갖지 못한다는 의미로 읽히기도 합니다. 그러나 스피박은 분명 서발턴 여성들의 정치적 행위능력과 그들의 삶을 부정하고 싶지는 않을 겁니다. 스피박의 비평의 목적은 서발턴의 해방에 있으니까요. 문제는 서발턴이 자신의 정치적 정체성을 역사적으로 결정된 정치적, 경제적 지배체계 안에서 받아들인다는 점입니다.

그러나 지배계급의 언어체계를 벗어난 언어를 갖고 있지 않는 한 서발턴은 말할 수 없지만, 지배와 종속이 불가분의 관계인 한 서발턴은 지배 언어체계 내에 이미 거주하고 있으므로, 지배 언어체제 내에서 침묵 아닌 침묵으로 말하고 있다고 볼 수 있습니다. 스피박은 이런 침묵을 적극적이고 긍정적으로 바라봅니다. 즉 서발턴의 침묵은 지배적인 정치체제의 언어로 말하기를 거부하는 것으로 해석될 수 있다는 겁니다. 침묵이 저항의 무기가 될 수 있다는 겁니다. 서발턴은 지배 담론의 언어로 말하기를 거부함으로써 지배 담론에 저항하는 것이죠. 이제 지배계급의 언어로 서발턴이 이해되지 않습니다. 그렇다면 지배계급은 더 이상 서발턴을 지배할 수 없는 거죠.

이 선생 : 예, 그렇다면 말 못하는 서발턴을 위해 이제 우리가 서발턴의 침묵의 목소리에 귀 기울일 차례입니다. 지배체제에 들어오지 않는, 지배체제가 미칠 수 없는 서발턴의 목소리를 발굴해야 할 겁니다. 스피박은 그러한 서발턴의 목소리를 제3세계 문학과 전 지구적 자본주의 현실에서 찾고 있습니다. 우리는 지배체제 자체를 벗어날 순 없지만 지배체제에 끊임없이 저항함으로써 지배체제에 균열을 일으키고 지배체제를 변화시킬 수는 있을 것입니다.

탈 선생 : 대담자들께서 하실 말씀이 많으시겠지만, 시간이 허락하지 않네요. 오늘 대담은 이쯤에서 마치도록 하겠습니다. 아쉬움이 남겠지만, 다음에 다시 한 번 이 선생님을 모실 기회가 있었으면 합니다. 제가 간단하게 오늘 주제에 대해 정리해보도록 하겠습니다.

서발턴은 하나의 개념이나 명칭이 아니라 오히려 지배체제를 가능하게 하고 유지하는 조건이라고 보아야 할 것입니다. 물론 이 조건은 고정 불변하는 것은 결코 아닙니다. 이런 점에서 스피박의 서발턴 해방 기획은 구체적인 서발턴의 삶 속에서 출발하고 있지만 언제나 우리에게 열려 있는 가능성으로서의 기획이기도 합니다. 우리는 서발턴이 스스로 침묵으로 말하도록 하고, 그런 침묵의 목소리에 귀를 기울이고, 지배담론을 거슬러 다시 읽어내고, 지배담론에 묻혀 있는 서발턴의 목소리를 발굴해내야 할 것입니다. 서발턴이 역사의 주인으로서 복원되지 않는다 하더라도, 스피박의 방법인 해체가 기존의 지배담론 내부에서 작동하고 체제 내부로부터 전복의 동력을 빌려 오기에, 해체의 기획, 즉 서발턴 해방의 기획은 이미 오래된 기획입니다. 그리고 이제 이 기획의 성공 여부는 우리의 몫으로 남아있습니다.

이 선생님께서도 그리고 학생 대표로 동석 학생이 마무리 발언해 주시죠.

동석 : 오늘 저희에게는 아주 배운 바가 많은 기회였습니다. 앞으로 저희의 탈식민주의 공부에 큰 도움이 되리라 봅니다. 이런 기회를 마련해 주신 탈 선생님께 감사드립니다. 그리고 이 선생님의 가르침에도 감사드립니다.

이 선생 : 저도 탈 선생님께 감사드립니다. 그리고 논의에 적극적으로 참여해 주신 여러 학생들에게도 감사의 말을 전합니다. 탈식민주의 연구자로서 이런 기회를 빌려 함께

공유할 수 있는 자리를 가진다는 것은 무척 행복한 일이죠. 언제 다음에 또 한 번 초대해 주시죠. 감사합니다.

탈 선생 : 오늘은 좀 더 많은 학생들이 대담에 참여하지 못해서 좀 섭섭하네요. 오늘 대담을 통해 많은 것을 배웠으면 하는 바람입니다. 그리고 오늘의 배움이 여러분의 학업에 또 삶에 물음을 던져줄 수 있는 기회였으면 좋겠습니다. 그럼 이만 대담을 마치겠습니다. 감사합니다. 다 같이 서로에게 박수 치면서 마치도록 하죠. 짝짝짝…….

저자 소개(가나다 순)

김지현 __ 경북대학교 강의교수

아리스토텔레스의 말처럼 정치적 동물로서 인간은 어떤 삶을 살아야 하는가. 인간이 사회·정치적 관계를 맺는 원리는 무엇인가. 인간(人間)은 글자 그대로 홀로 설 수 있는 존재가 아니라 관계 속에서만, 관계를 통해서만, 아니 관계 그 자체로 존재하지 않는가. 관계는 타자를 필요로 하며, 그렇다면 자아는 타자 속에서, 타자로서 존재한다. 철학적 자아의 문제는 관계의 문제이며 관계의 문제는 곧 타자의 문제, 다시 말해 자아와 타자의 관계문제이다. 이 자아와 타자의 관계가 곧 정치적 관계이며, 이 정치적 관계를 작동시키는 원리를 모색하는 것이 저자의 과제이다. 이런 문제의식에서 저자는 관계를 탐구의 주제로 삼는 해체철학, 정치미학, 포스트식민주의 등에 관심을 갖고 있으며, 구체적으로는 정치적 관계문제를 우정의 원리로 정초지을 수 있는지 그 가능성을 연구하고 있다.

박효엽 __ 경북대학교 강의교수

인도에서 전통적인 방식으로 인도철학을 공부한 저자는 산스크리트 원전을 번역하고 또 읽기 쉬운 대중서를 집필하는 데 몰두하고 있다. 인도철학이나 인도학에서 문헌연구와 신비주의라는 두 족쇄를 벗어나면서 동시대 삶의 문제를 해결하거나 좋은 삶을 추구하기 위한 직접적인 실마리를 찾는 일과, 상상과 유쾌함과 비판과 불온함을 통해 조금의 자부심과 조금의 쓸모를 가지게 되는 학문을 세속의 산야신(유랑자)으로서 즐기는 일에 관심을 가지고 있다.

이상환 __ 경북대학교 강의교수

정치철학을 전공한 전공자는 경제적 불평등과 문화적 차별을 해소하기 위한 보편적 원칙은 무엇인가, 그것은 경제적 재분배인가 문화적 인정인가, 타자의 정의는 어떻게 확보할 수 있으며, 그리고 사회 정의의 정치적 차원은 무엇인가, 라는 물음에 특별한 관심을 갖는다. 저자는 정치철학적 관점에서 개인의 자율성과 공동체의 공동선을 화해시킬 수 있는 이론적 기반을 모색하고 있다. 특히 존 롤스, 찰스 테일러, 마이클 샌델, 낸시 프레이저, 악셀 호네트 등 정치철학자들과 비판적 대결을 벌이면서 자유주의, 공동체주의, 공화주의, 세계시민주의 등이 상호작용하면서 엮어내는 이론적 지형을 연구하고 있다.

홍인식 __ 경북대학교 강의교수

민주주의. 정의론. 자유주의와 공동체주의. 민족주의와 세계주의. 저자는 앞의 키워드를 주제로 정의로운 국가의 구성 원칙과 방법은 어떻게 가능한가, 국제 사회를 규제할 수 있는 정의원칙은 무엇이 되어야 하며, 어떻게 실현될 수 있는가 등의 문제에 관심을 가지고 있다. 정치철학 전공자로 롤즈, 매킨타이어, 왈쩌, 샌들, 로티 등이 전개한 자유주의-공동체주의 논쟁을 연구했다. 현재는 롤즈의 국제정의에 대한 원칙을 중심으로 국제사회의 분배정의에 대해 연구하면서, 민족주의와 다문화주의 탈식민주의 등의 문제를 국제정의의 문제 속에서 풀어내려고 시도하고 있다.

경북대 인문교양총서 ⑰
탈식민주의의 얼굴들－파농·사이드·바바·스피박

초판 인쇄 2012년 5월 21일
초판 발행 2012년 5월 31일

지은이 김지현·박효엽·이상환·홍인식
기 획 경북대학교 인문대학
펴낸이 이대현
편 집 박선주 권분옥 이소희
디자인 이홍주
마케팅 박태훈 안현진

펴낸곳 도서출판 역락
주 소 서울시 서초구 동광로 46길 6-6(문창빌딩 2F)
전 화 02-3409-2060(편집), 2058(마케팅)
팩 스 02-3409-2059
등 록 1999년 4월 19일 제303-2002-000014호
전자우편 youkrack@hanmail.net

값 10,000원
ISBN 978-89-5556-541-6 04300
    978-89-5556-896-7 세트